Grafología

ROBIN
BOOK

Grafología

Helena Galiana

esenciales
ROBIN BOOK

Diseño de cubierta: Regina Richling
Fotografía de cubierta: iStockphoto © pmphoto

ISBN: 978-84-9917-244-6

Depósito legal: B-245-2013

Impreso por Sagrafic, Plaza Urquinaona, 14 7° 3ª, 08010 Barcelona

Impreso en España - *Printed in Spain*

Test grafológico

Realice este rápido test grafológico como anticipo de todo lo que podrá aprender y descubrir de sí mismo y de los demás con este libro.

1. 

2. 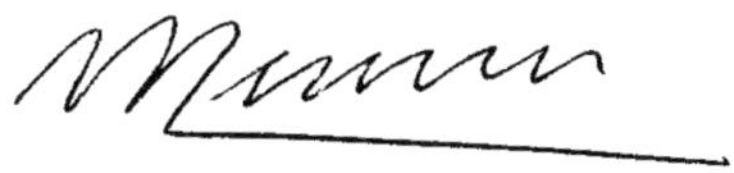

3. 

4. 

5. 

6. 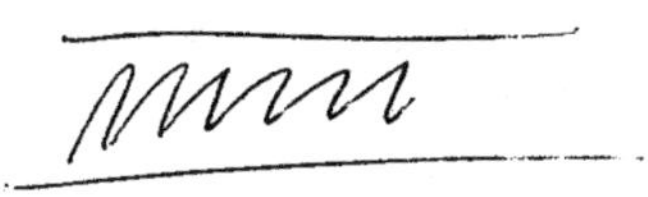

7. 

8. 

9. 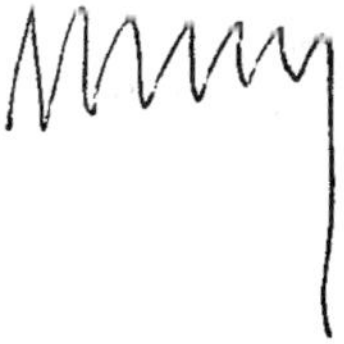

10. 

Compare su rúbrica con las de esta página y a continuación, busque en el reverso de la hoja su significado.

Resultado del test grafológico.

1. Voluntad, decisión, firmeza y gusto por el orden. Valora el ser tenido en cuenta.

2. Persona que piensa sus actos antes de realizarlos. Analítico.

3. Habilidad manual, buen carácter, sociabilidad.

4. Protección, recogimiento, desconfianza, cautela.

5. Habilidad, simpatía, coqueteo.

6. Organizado. La persona se ha marcado un plan de vida. Rehuye la improvisación.

7. Tenacidad, carácter fuerte y luchador.

8. Buen trato, facilidad para la enseñanza, pausado.

9. Decisión, independencia, libido fuerte y pasional.

10. Poca valoración de su propia persona, ofuscación.

Con este breve test grafológico ha obtenido un pequeño *flash* sobre su personalidad. La lectura de este libro le brindará la posibilidad de profundizar en un método grafológico que le conducirá a conocerse mejor y a descubrir el carácter de otras personas.

introducción

Toda escritura manuscrita parte de la recta y la curva así como de todos sus derivados. Con estas bases el ser humano creó una forma de poner por escrito conocimientos, sentimientos y toda una multitud de información que nos ha servido y nos sirve en la actualidad para comunicarnos.

Al crearse la escritura manuscrita no solamente se había iniciado una forma de trasmitir información dejando constancia en un pergamino o papel, sino que, además, el sujeto que realizaba el acto de escribir dejaba impreso en ese papel una radiografía de su persona, de la parte más profunda de sí mismo.

El grafólogo con su técnica bucea y se adentra en el ser, intentando comprender y dar sentido a todo su compendio de información en el que se encuentran actitudes, emociones, sentimientos, reacciones, pasiones, todo un galimatías de datos con los cuales el grafólogo tiene que intentar encontrar un sentido y una lógica.

El presente libro, *Grafología*, es, como indica su título, un texto pensado para toda persona interesada en adentrarse en el interesante mundo de la grafología. El libro aporta la información básica e imprescindible para iniciarse en la práctica de la técnica grafológica.

A lo largo de esta obra se van detallando, de forma clara y amena, toda una serie de conceptos junto con ejemplos prácticos, de forma que el lector pueda ir captando fácilmente una metodología que le enseñará y ayudará a dar los primeros pasos dentro de lo que es el análisis grafológico.

La grafología, al igual que toda ciencia o técnica, está en continuo movimiento; existen distintos enfoques y formas de realizarla. En la actualidad existen diferentes escuelas dentro de la técnica grafológica; eso a mi entender le aporta, si cabe, más riqueza y pone a su vez de manifiesto las grandes ventajas de profundizar y descubrir nuevos enfoques, y en consecuencia la posibilidad de perfeccionar esta técnica.

Todo conocimiento amplía nuestras fronteras, y la grafología es una de las mejores formas de conocernos a nosotros mismos. El grafólogo, al analizar la personalidad de otro ser humano, está a su vez autoanalizándose, pues en toda persona podemos encontrar algo semejante a nosotros mismos... un reflejo de nuestro propio ser.

Finalizo esta introducción recordando y agradeciendo al señor Deogracias Mellado, quien pacientemente me inició en el estudio de la grafología, enseñándome su técnica, así como a la señora Rosa Torrents, que me enseñó a desarrollar el enfoque intuitivo de la grafología.

capítulo 1

historia y futuro de la grafología

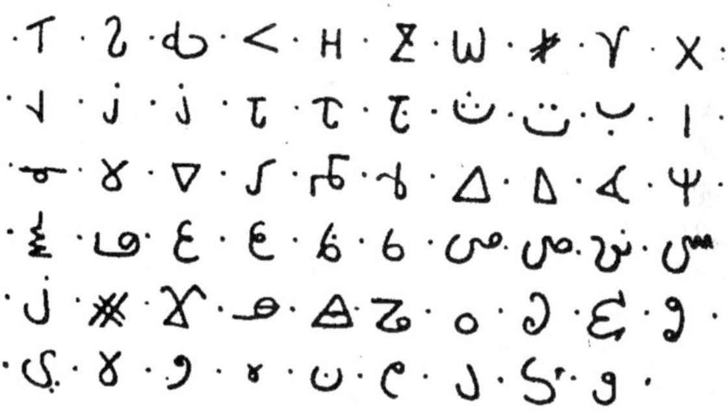

Alfabeto mítico árabe, conocido como el alfabeto de David.

La existencia de la técnica grafológica no sería posible sin la presencia a su vez de la escritura. Si se observa el desarrollo de cualquier escritura a través de sus fases históricas, nos percataremos de que los signos geométricos son un desarrollo esquemático de las pinturas.

Todas las escrituras antiguas conocidas suficientemente, como el sumerio, el egipcio, el chino, etc., desarrollaron a través del tiempo una forma cursiva y lineal, generalmente tan distante de las pinturas originarias, que sin tener conocimiento de los estadios intermedios resultaría con frecuencia imposible deducir que la forma lineal es descendiente directa de la pictórica.

Las tradiciones egipcias y grecorromanas se guiaban por las formas de las escrituras para realizar la adivinación. Este era un conocimiento secreto que estaba reservado para los iniciados; poco a poco estas ciencias ocultas se fueron poniendo al alcance de los profanos.

Como ciencia, la grafología, cuenta con una historia de algo más de cien años. Pero la idea de una conexión entre la escritura y el carácter ha existido desde tiempos antiguos. En el siglo IV a.C., en China ya analizaban las características de su caligrafía, así por ejemplo Okakura señaló: «Cada trazo de escritura expresa toda una vida».

Las investigaciones de los académicos renacentistas demostraron también que Aristóteles se mostró interesado por la escritura y la personalidad, y esto ocurría más de trescientos años antes de Cristo.

El primer tratado de grafología conocido fue escrito en 1622 por el italiano Camilo Baldo, profesor de medicina teórica en la universidad de Bolonia, dando inicio a lo que se podría llamar la prehistoria de la grafología.

Fue el abad francés Michon, quien acuñó e introdujo en 1870 el término «grafología», descubriendo así los signos gráficos.

El abate Michon fue el punto de partida de Crepieux Jamin, estudiante de arqueología, quien aumentando los estudios de Michon, creó las bases grafológicas en las cuales se asienta actualmente la grafología.

Algunos psicólogos, como Jung, fueron los primeros en darse cuenta de la importancia de la grafología. La grafología no sólo estudia los signos, fenómenos producidos por el movimiento gráfico y directamente medibles, si no que también ha de tener en cuenta los símbolos, el lenguaje inconsciente, los significados inconscientes, es decir, ciertos fenómenos que se ligan a los signos, de la misma manera que en los sueños se mezclan los contenidos de la vida real con manifestaciones de origen inconsciente.

A partir de Klages y de Pulver es precisamente en el simbolismo del espacio y de ciertos movimientos donde la escritura ofrece mayor riqueza interpretativa. Este simbolismo, tan viejo como la humanidad, es el mismo que la psicología utiliza en la interpretación de ciertas pruebas proyectivas.

En España fue inestimable la labor de divulgación que realizó Matilde Ras. De Augusto Vels, sólo hay que decir que sus libros son considerados como los clásicos de la historia de la grafología para entender la magnífica labor que realizó en el campo grafológico.

Existen muchos otros grafólogos que a lo largo de los años han ayudado a difundir la grafología en España. Actualmente son múltiples los centros en los que se puede acceder al conocimiento de esta técnica.

La técnica grafológica ha ido evolucionando desde sus inicios de forma rápida y continuada, se ha perfeccionado con la introducción de nuevos enfoques y técnicas que le han aportado una precisión que difícilmente se habría podido pensar.

Existen un sinfín de posibilidades dentro de la grafología y su uso. La grafología utilizada como medio de investigación en otros campos es, sin duda, una de las mejores posibilidades en las que creo especialmente.

Actualmente se encuentra en fase de preparación un libro en el que abordo la grafología bajo unos nuevos parámetros relacionados con el modo de conocimiento holístico. Este nuevo enfoque sobre la grafología da como resultado un conocimiento de la persona más amplio y completo. Se trata de un enfoque que profundiza en el conocimiento del ser humano, descubriendo la interrelación existente entre cuerpo, mente y espíritu, de la misma manera que la física cuántica, en su nuevo paradigma, ha descubierto que el observador es parte de la materia observada y que su mera observación altera lo percibido.

La nueva grafología no puede ser abordada sin tener en cuenta la interacción existente entre las energías, las emociones y la espiritualidad o parte trascendente del individuo.

capítulo 2

descubrirse a sí mismo y a los demás a través de la grafología

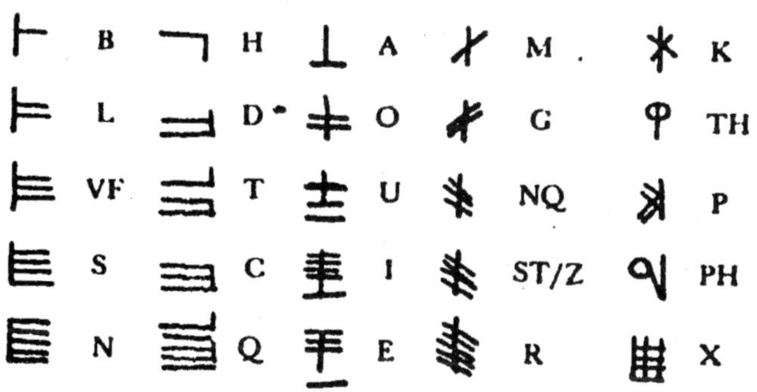

Sistema epigráfico ógmico de los celtas.

La necesidad de conocerse mejor a uno mismo, así como a las personas que nos rodean, no es simple curiosidad, es algo más profundo que nos lleva a intentar adentrarnos en la persona, en el ser humano. El entendimiento de uno mismo es en ocasiones tan difícil o más que el entendimiento de otra persona.

El hombre se mueve y actúa condicionado por sí mismo y por las circunstancias que le rodean, querer profundizar en un conocimiento más amplio de la idiosincrasia humana es una necesidad innata, al igual que respirar. En nuestra vida cotidiana tenemos la necesidad y la obligación de relacionarnos con otras personas que a su vez tienen su propio funcionamiento.

Quién no se ha preguntado en algún momento, ¿cómo soy? o ¿por qué actuo de esta forma? O bien en nuestra relación con un ser querido, con un compañero de trabajo, con un jefe, quién no se ha preguntado: ¿cómo es esta persona?, ¿por qué actúa de esta forma?

La grafología es una de las pocas técnicas que nos permite poder acceder a ese conocimiento. Por sus características es sin duda una de las formas más sencillas de acceder a un conocimiento profundo del ser humano.

En este libro se pueden encontrar las bases de la técnica grafológica. Está dirigido a aquellas personas que muestren la suficiente curiosidad y paciencia como para seguir las diferentes indicaciones y pautas que le posibiliten iniciarse en el análisis grafológico.

Como se comenta en diferentes ocasiones a lo largo del presente libro, la práctica y la ejecución de todas las indicaciones será una norma básica que debe tener en cuenta toda persona que busque aprovechar su estudio.

capítulo 3

aprender las diferentes zonas y elementos gráficos de la escritura

ͻχηστῶν πάντων ἀταλώτατα παίζει

το<ῦ>το δεκᾶν μιν

ΗΟΣ ΝΥΝ ΟΡΧΕΣΤΟΝ
ΠΑΝΤΟΝ ΑΤΑΛΟΤΑΤΑ
ΠΑΙΖΕΙ ΤΟΤΟ ΔΕΚΑΝ ΜΙΝ,

Arriba, inscripción griega del vaso dipylon de Atenas; abajo, su versión en griego moderno.

El estudio y la práctica de la técnica grafológica, igual que ocurre en otras ciencias, requiere el conocimiento de unas bases fundamentales sobre las que se irá desarrollando su estudio y su posterior práctica, de la misma forma que se ha de conocer y tener noción de un vocabulario y una terminología específica.

Una vez se tengan claras las bases fundamentales, se conseguirá profundizar en el apasionante mundo de la grafología y captar multitud de perfiles, matices y un intrincado mundo de significados. De esta manera, se pondrá de manifiesto que la grafología es una forma de adentrarnos en ese universo interno que es el ser humano.

Cojamos un folio en blanco, sin ningún tipo de pauta ni cuadrícula, junto con un bolígrafo. Tenemos que pensar que ese folio blanco representa simbólicamente la sociedad, el mundo en el cual nos movemos; seguidamente comencemos a escribir nuestros pensamientos, o simplemente cualquier cosa, pues realmente lo importante en este caso no es el significado de las palabras, ya que dentro del análisis grafológico la importancia radica en el trazo que forma la escritura.

Si observamos la escritura manuscrita veremos que consta de unos trazos que forman una letra, un grupo de letras agrupadas con las que se construyen palabras y éstas, a su vez, se reagrupan formando líneas, y las líneas, finalmente, forman un escrito plasmado en un folio.

El grafólogo ha de saber leer el escrito, pero no de la forma clásica, sino que, por el contrario, su lectura se centrará en las formas de las letras, su tamaño, inclinación, velocidad, etc. A su vez analizará la forma de enlazar o unir las letras, así como observar cómo se forman las palabras, estudiando si están enlazadas o no, si existen diferentes formas de enlazarlas, etc.

A todo ello añadirá un estudio de los renglones del escrito, observando si son rectos, caídos, ondulados y otros muchos detalles. Hay que tener en cuenta que incluso los espacios en blanco, la aireación existente entre palabras, líneas, márgenes, etc., aportan información sobre la persona. Todo ello nos hablará de las características y peculiaridades que tiene la persona que ha realizado el escrito, así como de su forma de desenvolverse en la sociedad que le rodea.

Todos los detalles del escrito, hasta el más ínfimo, aportarán una información valiosísima. El grafólogo, basándose en todos estos parámetros, podrá realizar un análisis grafológico amplio y completo.

En este capítulo iniciaremos el estudio de todos los parámetros que son imprescindibles para poder realizar un análisis grafológico, y comenzaremos por lo más sencillo y básico, que es conocer las diferentes partes de la letra; nos iremos familiarizando con un vocabulario y unos términos que utilizaremos al ir avanzando en el estudio de la técnica grafológica.

Seguidamente, en este mismo capítulo se anticipan los diferentes parámetros que, a lo largo del libro y en sus diferentes capítulos, se ampliarán uno por uno dando ejemplos de todos ellos.

Las zonas y los elementos gráficos

Hay que distinguir, dentro de la anatomía de la letra, las siguientes partes que la forman:

- Trazo: es todo avance de la escritura realizado en un solo impulso.
- Pleno: son los trazos descendentes de una letra.
- Perfil: son los trazos ascendentes de una letra.
- Óvalo: son los círculos centrales de las letras, *a, o, g, q,* etc.
- Hampas: son los trazos de la parte superior de las letras, *l, b, t, f,* etc.
- Jambas: son los trazos de la parte inferior de las letras, *f, g, j, y,* etc.
- Bucles: son los ojos formados en las jambas y las hampas.

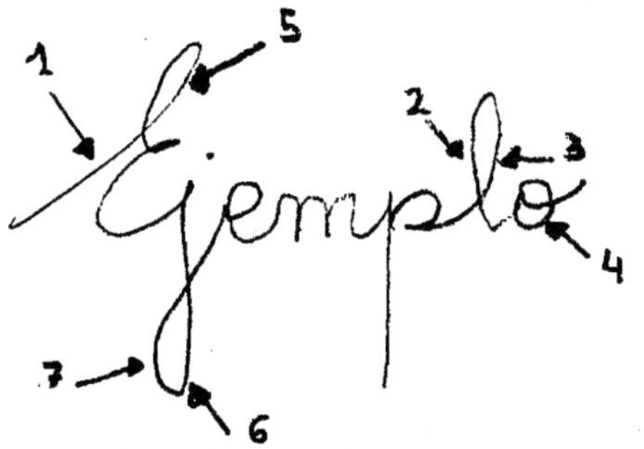

Figura 1: 1. Trazo. 2. Pleno. 3. Perfil. 4. Óvalo. 5. Hampas. 6. Jambas. 7. Bucles.

- Parte esencial: parte imprescindible en la formación de la letra.
- Parte accesoria: son los añadidos realizados en la formación de una letra, sin ser indispensables.

Figura 2: A. Parte esencial. B. Parte accesoria.

Nos será de una gran utilidad a la hora de referirnos a una parte determinada de una letra su división en las siguientes zonas:

- Zona inicial: principio e inicio de una letra.
- Zona final: parte en la que finaliza una letra.
- Zona superior: parte más alta de la letra, donde se sitúa el punto de la letra *i*, las hampas, los acentos, las tildes o barras de la letra *t*, etc.

- Zona media: dentro de este espacio se sitúan las vocales, así como las letras *m, n, r,* etc.
- Zona inferior: parte baja de la letra, calculando su comienzo en la base de los óvalos de las letras *o, a, u,* etc. En este espacio se encuentran las jambas.

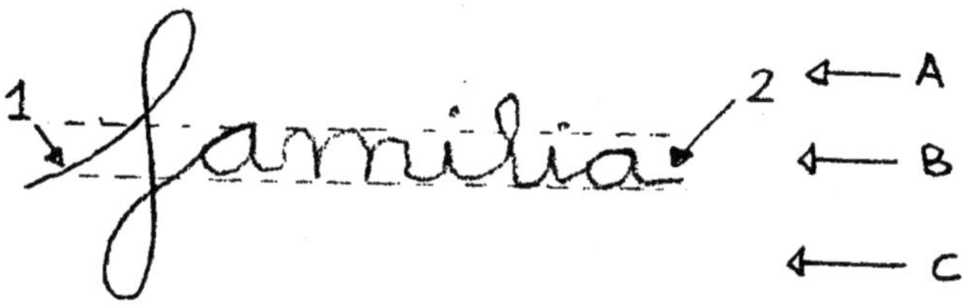

Figura 3: 1. Zona inicial. 2. Zona final. A. Zona superior. B. Zona media. C. Zona inferior.

El gesto tipo

Si se observa detenidamente, se apreciará que en la formación de las letras, aun teniendo todos las mismas reglas de diseño, cada persona da su toque personal a esta; ese toque o característica es lo que diferencia la misma letra realizada por una persona de otra.

Se apreciará que todos han utilizado para su dibujo trazos en los cuales se encuentran la línea recta y la curva junto a toda una variedad de ambas. Y precisamente es esa diferencia una de las pruebas a la hora de dictaminar las características de cada persona en su escritura.

Pero veamos detenidamente la recta y la curva junto a todos sus derivados, así como sus valores psicológicos. Se debe tener en cuenta que toda escritura aporta varias correspondencias psicológicas que permiten definir cada caso con precisión.

La curva

La curva o movimiento curvo, refleja suavidad, adaptabilidad a las circunstancias, fluidez. Es reflejo de armonía, bondad y diplomacia.

En un grafismo que predomine el gesto curvo se podrán encontrar los siguientes rasgos derivados:

La guirnalda

Su forma es semejante a un arco abierto hacia arriba.

Indica apertura y receptividad. Se da en personas que tienen un buen carácter y son espontáneamente cariñosas y amables. Se puede encontrar en los trazos iniciales y finales, en las letras *n, m, u,* así como en los enlaces de las letras.

Figura 4: Guirnalda.

Bucle

Se encuentra en la formación de las letras y en los enlaces.

Este gesto indica suavidad premeditada, diplomacia y seducción.

Figura 5: Bucle.

El lazo

Bucle en forma de lazo. Se realizan normalmente en las firmas, letras mayúsculas, barras de la letra *t* y en las jambas. Expresa un deseo vivo de agradar. Suelen ser personas dotadas de una gran habilidad manual.

Figura 6: Lazo.

El arco

Tiene forma similar a un arco o a la guirnalda bóveda. Este tipo de movimiento se encuentra en las zonas iniciales, superior y zona media. El arco denota introversión, protección, poca influenciabilidad, es la antítesis de la guirnalda. El arco también refleja imaginación constructiva y creadora en las escrituras muy armoniosas y de un nivel superior.

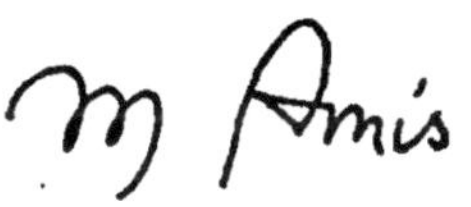

Figura 7: Arco.

La espiral

La espiral se puede encontrar en las mayúsculas, en la letra *c*, en los trazos iniciales y finales y en la zona media de algunas letras.

Denota egoísmo, acción intencionada por interés, todo ello con mucha habilidad y diplomacia.

Figura 8: Espiral.

La serpentina

Este gesto ondulante se encuentra en los trazos iniciales y finales así como en las barras de la letra *t* y en las letras *m* y *n*. La serpentina denota pasotismo, no inmiscuirse, ambigüedad, gusto por lo práctico. También es signo de buen humor y carácter bromista.

Figura 9: Serpentina.

La recta

La línea recta denota más dureza que la curva, menor adaptabilidad, tenacidad; en definitiva la recta representa el predominio de la racionalidad y la lógica.

Partiendo de la línea recta se podrán encontrar los siguientes derivados:

El ángulo

Se da en letras que deberían ser redondeadas.

Manifiesta dureza, golpes de genio, brusquedad, tenacidad, cambios bruscos.

Figura 10: Ángulo.

El arpón

Su forma es similar a un arpón. Se puede encontrar en los trazos iniciales o finales así como en las firmas.

Denota vigilancia, tesón, avidez, intolerancia y resentimiento.

Figura 11: Arpón.

La maza

Se encuentra en los trazos finales con su característica forma de maza. Refleja una expansión brusca de la energía, producida normalmente por fuerzas instintivas, afectivas. Refleja pasión explosiva, llegando a la violencia en caso de contradicción.

Figura 12: La maza.

El triángulo

Se pueden encontrar triángulos en las jambas así como en las letras *z* y *s*.

Refleja imposición, autoridad, terquedad.

Figura 13: El triángulo.

Golpe de sable

Su formación consiste en un trazo impulsivo, tajante, seco y anguloso. Se puede encontrar en las barras de las *t*, así como en las jambas o parte inferior de las letras.

Manifiesta una actitud impulsiva, fuerza e impaciencia, así como intransigencia.

Figura 14: Golpe de sable.

Golpe de látigo

La estructura del golpe de látigo se inicia en forma de lazo, para seguidamente proyectarse de forma impulsiva. El golpe de látigo denota menos dureza que el golpe de sable.

Vivacidad impulsiva, independencia de carácter, de ideas y de criterio.

Figura 15: Golpe de látigo.

Los parámetros que definen la escritura

Finalmente definiremos los parámetros que se utilizarán a la hora de realizar un estudio grafológico. A continuación se detallan todos ellos, junto con una pequeña definición. No obstante, serán ampliados a lo largo de los capítulos que forman el libro.

El orden

El orden en la escritura estudia la distribución de las letras, palabras y líneas, junto con la disposición del texto en la página y las proporciones de las letras. Estudia el aspecto correspondiente al nivel de organización de las tendencias, la actividad y los procesos mentales, valora las aptitudes de clasificación, orden y control.

La dimensión

La dimensión analiza la amplitud de los movimientos, estudia el impulso vital. Refleja la magnitud expansiva, la vitalidad, la actitud de extraversión e introversión. Manifiesta el sentimiento de autoestima.

La presión

Estudia la intensidad o fuerza del impulso gráfico, lo cual nos informará de la potencia de la libido o fuerza de realización y resistencia del sujeto, así como las aptitudes de mando, decisión, aptitudes creadoras, etc.

La forma

Analiza la forma en que se estructuran las letras. Refleja la integración de la persona en la sociedad, su convencionalismo, originalidad o vulgaridad, su conducta. Denota también las aptitudes científicas, comerciales, burocráticas y artísticas.

La rapidez

La rapidez o vivacidad del impulso gráfico, refleja la agilidad de nuestra mente, la vivacidad intelectual y la intuición.

La dirección

Analiza en el plano simbólico la dirección de los movimientos de la escritura. Así obtenemos las fluctuaciones del ánimo, de la voluntad e iniciativa, y del equilibrio.

La inclinación

Manifiesta nuestra espontaneidad afectiva y el grado de vinculación que tenemos con personas y cosas. También pone claro el nivel de dominio de uno mismo y de sus emociones.

La continuidad

La continuidad analiza en la escritura la regularidad, estabilidad, constancia, etc. Como resultado, se obtienen las tendencias, instintos y necesidades, la franqueza, el grado de disciplina así como de control de uno mismo.

capítulo 4

el simbolismo del espacio y su aplicación grafológica

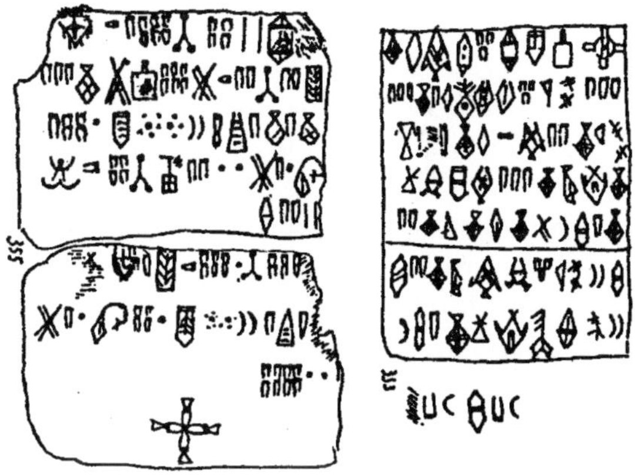

Tipo de escritura antigua proto-elamita.

Al realizar el acto de escribir, no somos conscientes de que aparte del acto en sí, estamos plasmando en el papel nuestras emanaciones conscientes e inconscientes y su interconexión.

Proyectamos nuestra idiosincrasia. Según dijo Jung: «Todo elemento psíquico inconsciente se proyecta hacia fuera». Por lo tanto, al escribir estamos proyectando sobre el papel formas simbólicas vivas en nosotros que expresan nuestro estado interior así como nuestra forma de vivir, o más exactamente, modificamos las formas tradicionales caligráficas de acuerdo con las ideas conscientes e inconscientes que determinan nuestra personalidad.

El símbolo se origina con el hombre, son inseparables, no puede existir uno sin el otro. Desde los albores de los tiempos, el hombre ha utilizado los símbolos. En un principio asociaba a un simbolismo todos los hechos que acaecían a su alrededor. Existe un simbolismo que es común a todos los hombres, independientemente de su origen o cultura.

El hombre, desde que es hombre, al referirse a lo superior, a lo desconocido, a Dios, cuando ha sentido necesidad de solicitar algo superior, al enmarcarse en lo desconocido de las fuerzas de la naturaleza, ha mirado hacia arriba, hacia el cielo.

En la parte contraria o parte baja, se sitúa la tierra, lo que nutre y alimenta a los instintos, el sexo, lo material. Igualmente en la parte baja se sitúa lo bajo, lo inferior, lo negativo, el infierno.

Todo movimiento hacia la izquierda simboliza el pasado, la infancia, la madre, una vuelta hacia el interior, la meditación, la introversión.

El movimiento hacia la derecha hace referencia al futuro o devenir, al altruismo, a la sociabilidad, al padre. También denota las tendencias luchadoras y de conquista, espíritu emprendedor, apertura hacia el prójimo, hacia el mundo, extraversión.

Los diferentes rasgos de la escritura se desarrollan recorriendo todas esas diferentes zonas y direcciones, donde evoluciona la libido o energía.

El hombre plasma en la escritura sus tendencias expansivas, intelectuales, materiales, especulativas y realistas. Dependiendo de la dirección de estos movimientos, así como de su intensidad en una y otra de las zonas y direcciones de la escritura, se encontrarán más particularmente repletas y animadas las zonas en las que el individuo se desenvuelve con mayor intensidad.

Todo simbolismo es rico en matices y facetas. Hay que recordar y tener siempre en cuenta que el conjunto de la escritura decide el detalle y, como consecuencia, los posibles matices en la interpretación de sus zonas y direcciones. La habilidad del grafólogo, a la hora de hacer la elección entre los múltiples significados de un mismo símbolo, es primordial. Este factor determinará la diferencia entre un análisis grafológico bien realizado y uno erróneo.

El grafólogo debe tener siempre presente el simbolismo de las diferentes zonas y direcciones, un buen análisis lo requerirá. En la práctica lo utilizará tanto en el análisis de las letras como en los sobres, firmas y todo el escrito en su conjunto.

ZONA SUPERIOR

Espiritualidad
Idealismo
Intelectualidad
Ambición
Aspiraciones
Imaginación
Creatividad

ZONA IZQUIERDA	ZONA CENTRAL	ZONA DERECHA
Pasividad	El presente	Hacia el Tú
Pasado	Afectividad	Actividad
Introversión	El yo	Futuro
Inhibición		Los demás
Narcisismo		Extraversión
Regresión		Altruismo
		Sociabilidad

ZONA INFERIOR

Sexualidad
Sensualidad
Motricidad
Instintos

Figura 1: Esquema del simbolismo del espacio.

capítulo 5

el orden en la escritura

أدْعُو اللهَ أنْ يَنْتَصِرَ الْعَرب .

لَنْ نَتْرُكَ أرْضنا مُحْتَلّة .

نُحَارِبُ كَيْ نَحْمِيَ السَّلام .

نَمُوتَ لِيَعِيشَ الْوَطَن .

Escritura árabe moderna.

En la escritura manuscrita el orden es muy importante, pues aporta gran cantidad de datos sobre la persona: su nivel de cultura gráfica y de organización, así como la forma en que distribuye su tiempo, pensamiento y actividad. Se podrá valorar también el equilibrio interno y la sensatez en los juicios.

La forma de distribuir, disponer y centrar el texto, junto con la localización de los diversos elementos que constituyen las letras, puntos, acentos, etc., reflejarán la forma de adaptación a un determinado orden o bien a los deberes sociales y la capacidad de organización. El orden, distribución, etc., no hablarán solamente de un nivel externo de realización, sino del modo interno de organización del individuo, su lógica y forma de pensar. Indica claramente si mantiene armonía y control en su funcionamiento interno.

Dentro del aspecto del orden se distinguen las siguientes tipologías:

Distribución clara

Se distinguirá una escritura con distribución clara, si se observa armonía en toda la organización del texto y de los espacios en blanco. En una distribución clara tanto las letras como las palabras y las líneas están colocadas de forma correcta, ocupando sus respectivos sitios, sin chocar unos elementos gráficos con otros.

Toda escritura que posea estas características, recibirá la interpretación de equilibrio, tanto interno como externo. Su autor manifiesta poseer sentido de lo correcto, sabe situarse en su justa medida. La persona que realiza esta escritura, tiene un claro predominio de su actividad consciente, junto con una capacidad para discriminar bien desarrollada, también refleja orden en sus tareas y responsabilidades. Le gusta la claridad de ideas y conceptos, su funcionamiento es lógico y lineal. Es también reflejo de sinceridad y lealtad.

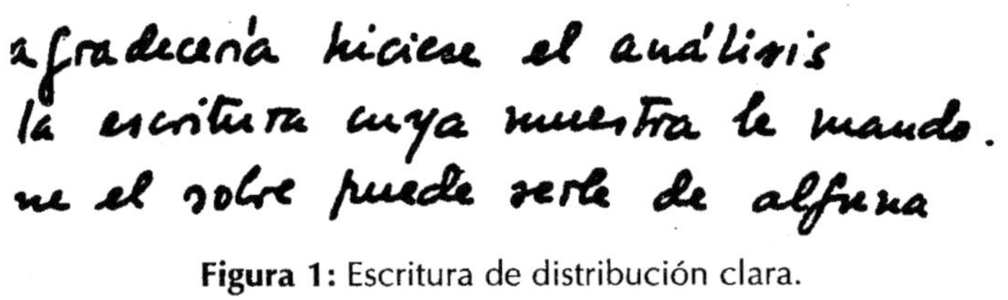

Figura 1: Escritura de distribución clara.

Distribución confusa

Este tipo de escritura se detecta cuando se encuentra en un escrito una distribución deficiente de los espacios. Las letras salen de su espacio, se cruzan unas con otras. La lectura de este tipo de escritos suele ser difícil, se localiza desorden, movimientos bruscos y desproporcionados, inarmonía junto con letras de formación vulgar.

Esta escritura refleja una persona instintiva y emotiva. La persona suele ser desproporcionada en sus reacciones. Desborda su imaginación, le es difícil tener un juicio claro. Son espontáneos e imprevisibles.

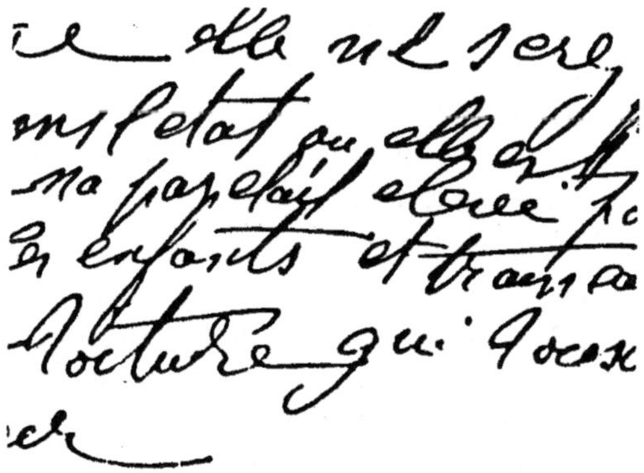

Figura 2: Escritura de distribución confusa.

Escritura ilegible

La escritura ilegible puede ser producida por una deformación de las letras, exceso de rapidez, desorden en la colocación del texto, etc.

Esta escritura denota precipitación, poca atención a los detalles, nerviosismo. Refleja también mala organización y poca capacidad de adaptación.

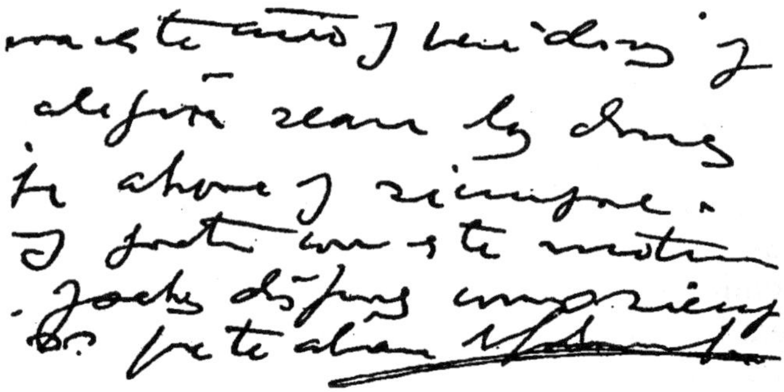

Figura 3: Escritura ilegible.

Escritura proporcionada

Para entender el significado de la escritura proporcionada y el de la desproporcionada habrá que tener en cuenta que la proporción, armonía y equilibrio de una letra son reflejo de la armonía funcional así como de las tendencias psicológicas.

En la escritura manuscrita se admiten, y se aceptan como normales, ciertas desigualdades de ritmo y proporción de las letras. Cuando estas desigualdades son desproporcionadas, manifiestan claramente una problemática. Es igualmente síntoma de conflicto una letra perfecta, realizada de forma similar a una máquina, sin ninguna alteración ni movimiento.

Una escritura proporcionada refleja tendencias equilibradas, valora los hechos en su justa medida. Indica dominio sobre sí mismo, responsabilidad y capacidad de tomar decisiones.

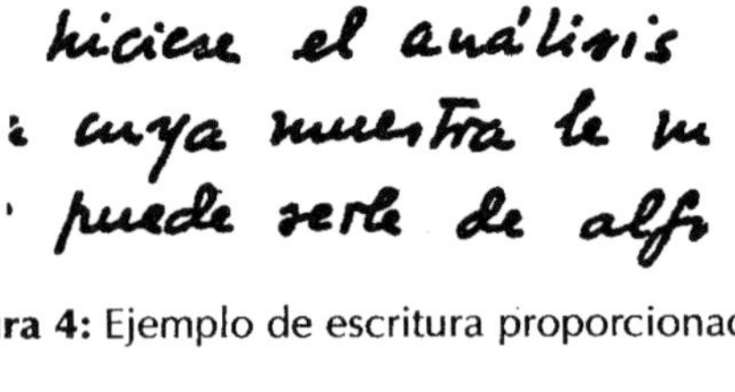

Figura 4: Ejemplo de escritura proporcionada.

Escritura desproporcionada

La escritura desproporcionada se distingue por la deformación de las letras o de algunas de sus partes: trazos iniciales, finales, puntos, acentos, barras de las *t*, mayúsculas, etc. Se observan, en estos elementos, desproporciones y desequilibrios.

Para buscar la significación de la desproporción se observará la zona donde se desarrolla la misma, y utilizando el simbolismo del espacio sabremos en qué esfera de la persona se manifiesta cierto desequilibrio.

No siempre hay que valorar la desproporción como algo negativo. Por ejemplo, se pueden encontrar desproporciones en grandes artistas creativos en la zona superior de su escritura; esta deformación refleja gran imaginación y creatividad. Hay que recordar de nuevo que la valoración de un escrito se realiza dentro del conjunto, no se puede dar un significado fijo e inamovible a cada signo gráfico.

Figura 5: Ejemplo de escritura desproporcionada.

La disposición de los márgenes

La forma de plasmar un escrito en un papel, los espacios en blanco que forman los márgenes, así como los espacios que separan un punto y aparte de un principio de párrafo, son un apartado de la grafología muy utilizado que, de forma inconsciente, todos hemos observado cuando alguien nos ha dirigido una carta o un escrito. Seguidamente se comentarán las diferentes modalidades de márgenes que se pueden encontrar en los escritos, así como su significado.

Margen izquierdo irregular

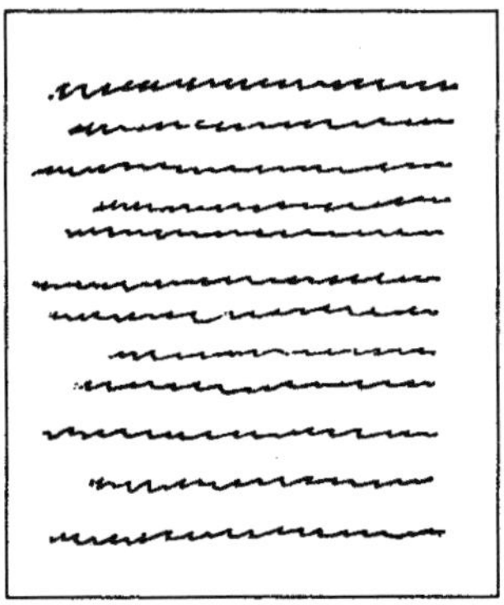

Denota un pensamiento muy variable, su afectividad es contradictoria, se mueve en un mundo interno de dudas. Denota falta de orden y de disciplina.

Figura 6:
Margen izquierdo irregular.

Margen izquierdo estrecho

Es signo de introversión, timidez, prudencia. Puede denotar también cierta avaricia.

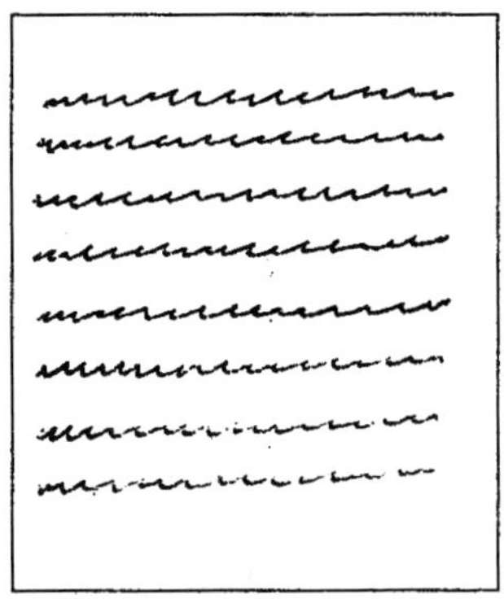

Figura 7:
Margen izquierdo estrecho.

Ausencia de margen izquierdo

Este margen refleja un repliegue de la persona, ya sea por desconfianza o por inseguridad.

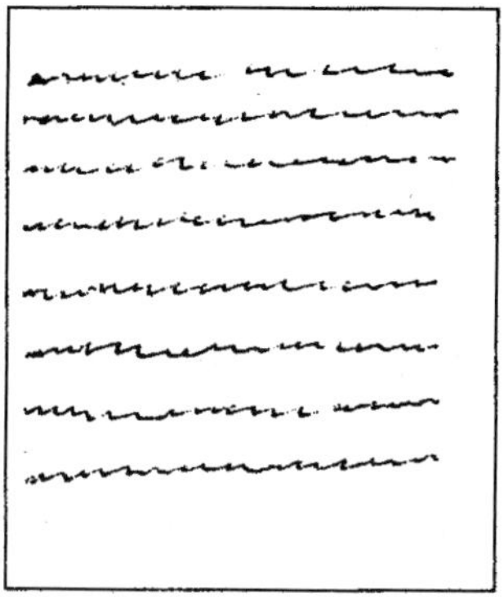

Figura 8: Margen izquierdo ausente.

Margen izquierdo ensanchándose de arriba abajo

Manifiesta apertura, una gran necesidad de independencia, optimismo y ambición. La persona toma confianza en sí misma a partir de su relación con los demás.

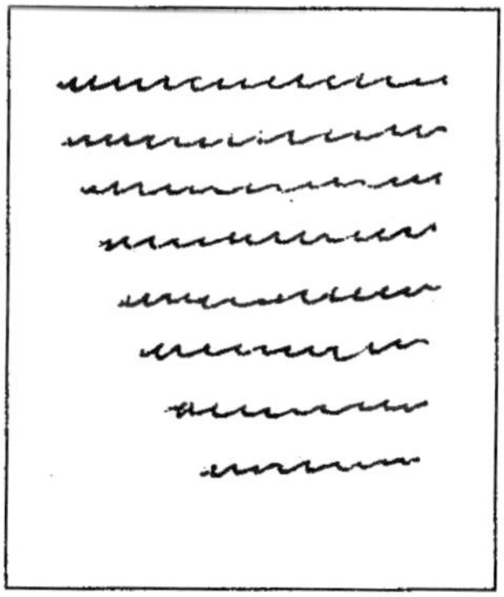

Figura 9: Margen izquierdo ensanchándose.

Margen izquierdo estrechándose hacia abajo

Este margen denota inseguridad en sí mismo. En su relación con los demás no se entrega del todo, por el contrario, tiende a desconfiar y a cerrarse cada vez más en sí mismo.

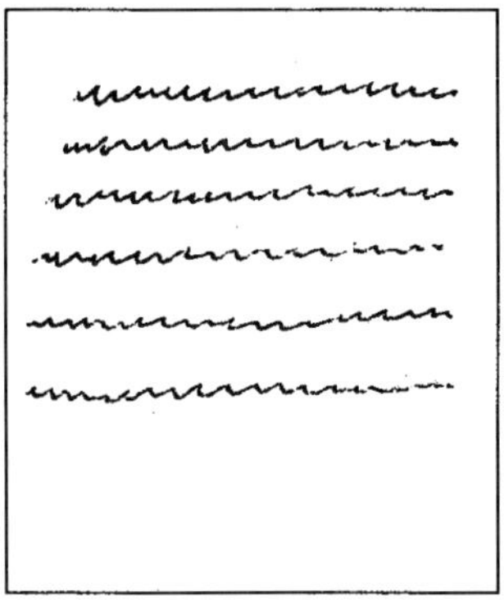

Figura 10: Estrechamiento del margen izquierdo.

Margen izquierdo muy amplio

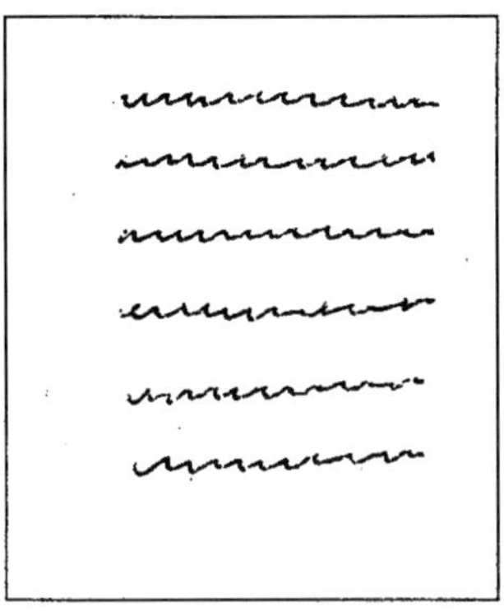

Refleja extraversión, prodigalidad, generosidad.

Figura 11:
Margen izquierdo amplio.

Margen de la derecha muy amplio

Manifiesta miedo al devenir, a toda clase de riesgos e iniciativas. Refleja falta de decisión y de combatividad excusándose en cierta prudencia.

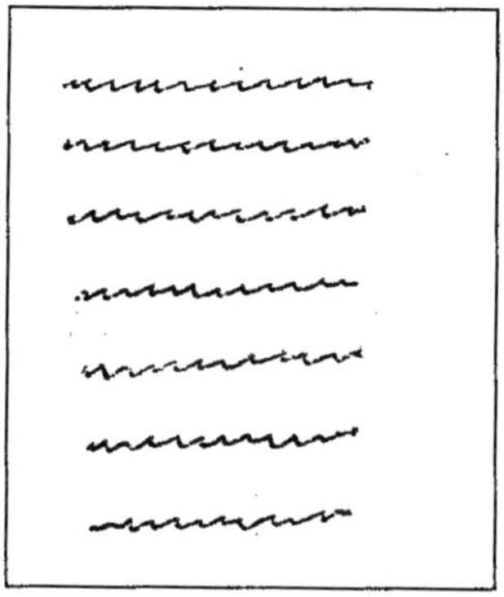

Figura 12: Margen derecho amplio.

Margen derecho irregular

Esta clase de márgenes manifiesta falta de decisión firme, dudas y cambios de opinión. Denota hipersensibilidad al ambiente que les rodea.

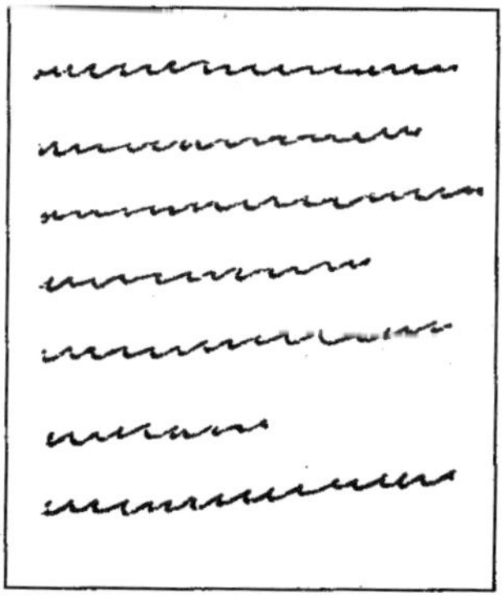

Figura 13: Margen derecho irregular.

Márgenes similares a un libro

Este tipo de margen puede tener varios significados: gusto por diferenciarse de los demás, deseo de mantenerse distanciado de todo y de todos. Se encuentran estos márgenes en artistas, poetas, etc.

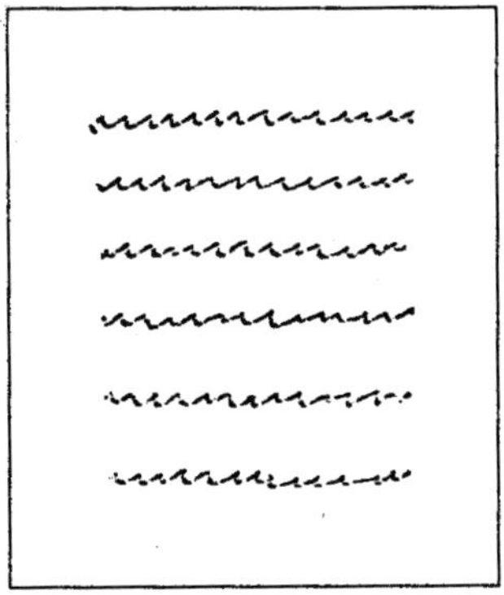

Figura 14: Márgenes similares a un libro.

Margen superior amplio

El margen superior amplio refleja una persona respetuosa, considerada y distinguida. Denota cultura social así como educación.

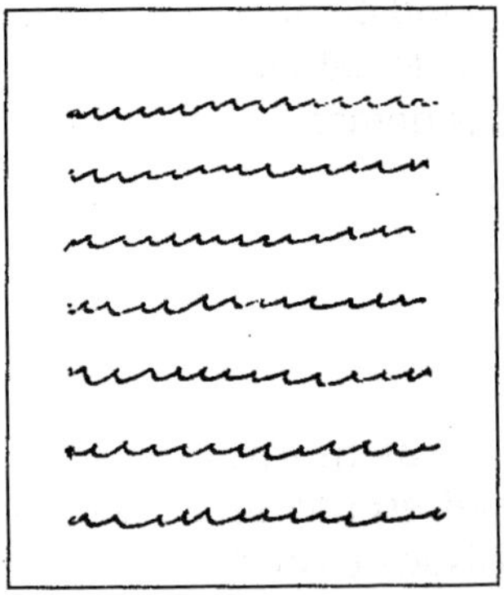

Figura 15: Margen superior amplio.

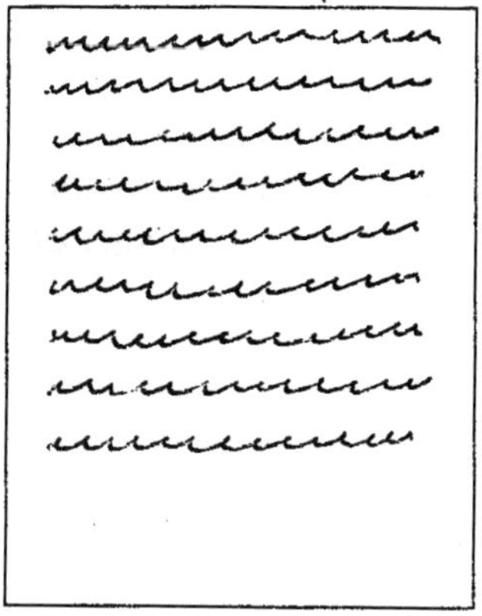

Margen superior pequeño

Se da en personas que toman familiaridad con los demás rápidamente, les cuesta saber calibrar los diferentes tratos y formas de relacionarse con las personas que contactan.

Figura 16: Margen superior pequeño.

Ausencia de márgenes

Un texto con ausencia total de márgenes es reflejo de una persona completamente inadaptada en muchos aspectos. Denota una organización defectuosa, tanto del tiempo como del dinero y el trabajo. Según el tipo de escritura indica necesidad extraordinaria de hablar y de contactar con los demás.

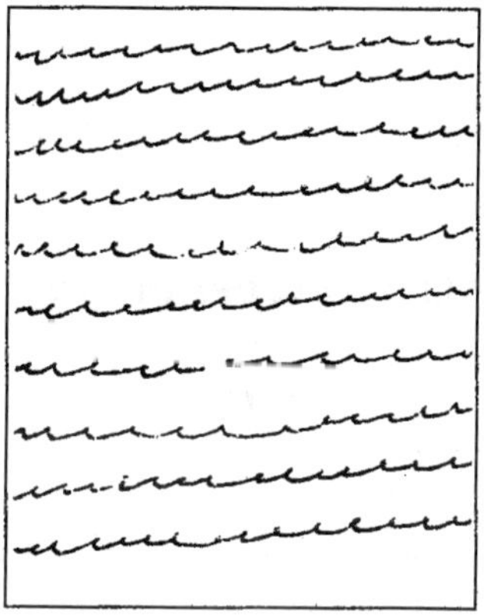

Figura 17: Ausencia total de márgenes.

Las mismas leyes que rigen el análisis de los márgenes del escrito se utilizan a la hora de valorar el estudio de la disposición de los sobres de las cartas.

La puntuación

El análisis grafológico otorga gran importancia a las proporciones y desproporciones de los signos accesorios. Los puntos y acentos son, en ocasiones, las notas que dan al grafólogo una pista imprescindible para entender el funcionamiento y la lógica de un individuo determinado.

Precisión en la puntuación

Los puntos, acentos, comas, etc., colocados con exactitud denotan atención, minuciosidad, orden mental y rutina.

Figura 18: Puntuación precisa.

Imprecisión o irregularidad en la puntuación

Denota cierto desorden y descontrol en las obligaciones. Despiste, falta de concentración y emotividad.

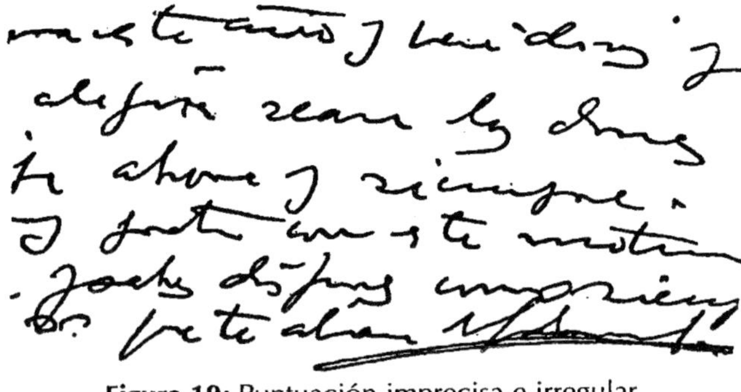

Figura 19: Puntuación imprecisa e irregular.

Debilidad y ausencia de puntuación

Estamos ante aspectos de negligencia, timidez, apatía, falta de responsabilidad.

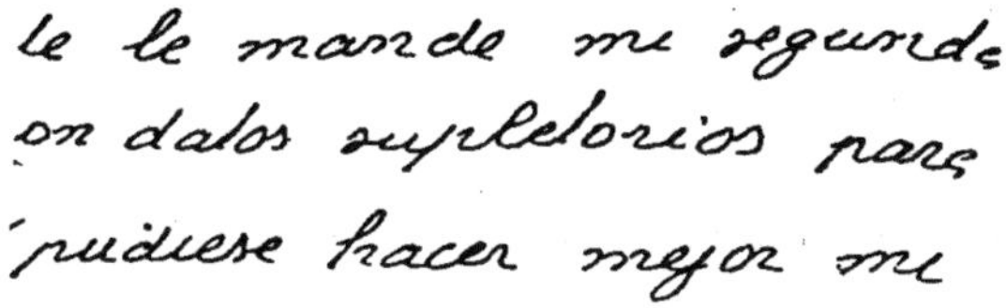

Figura 20: Puntuación débil y ausente.

Colocación adelantada al sitio que corresponde

Es una muestra de optimismo, dinamismo, prisas e impaciencia.

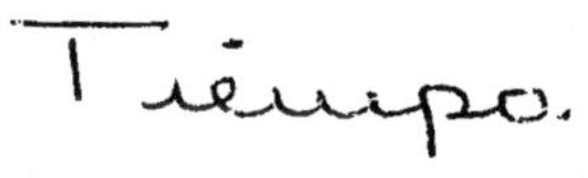

Figura 21: Puntuación adelantada.

Colocación atrasada al sitio correspondiente

Muestra prudencia, duda, inseguridad, vacilación, lucha entre el temor y el deseo.

Figura 22: Puntuación atrasada.

Colocación muy alta de los puntos y acentos

Revela sensibilidad espiritual, idealismo, intuición y utopía.

Figura 23: Colocación elevada de los puntos y acentos.

Colocación baja de los puntos y acentos

Denota sentido práctico, obediencia y sumisión. Si la letra es ligera y floja, revela impotencia.

Figura 24: Puntos y acentos bajos.

Puntos y acentos ligados a la letra siguiente

Señala rapidez de ideas y conceptos, además de deducción ágil e intuición.

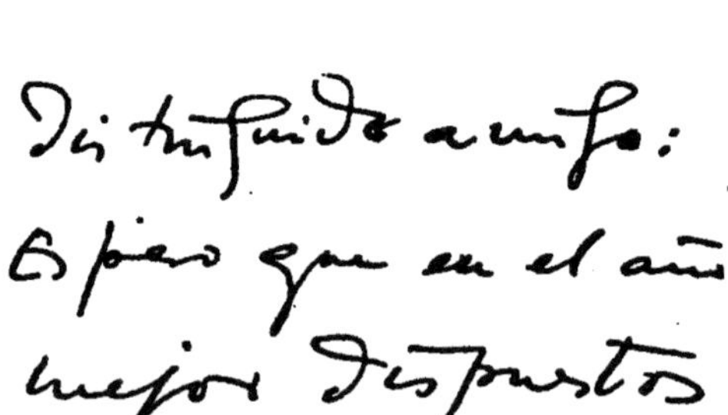

Figura 25: Puntos y acentos ligados a la letra siguiente.

Puntos y acentos en forma de media luna

Estamos ante una muestra de miedo, inquietud y nerviosismo.

Figura 26: Punto en forma de media luna.

Puntos en forma de vírgulas largas y aceradas

Denota agresividad, amargura e intranquilidad.

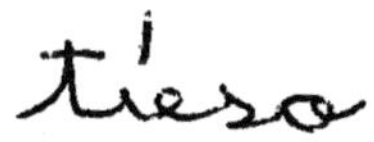

Figura 27: Punto en forma de vírgula.

Puntos en forma de círculos

Este tipo de punto puede tener varios significados, se valorará el resto de la escritura para hacer un dictamen certero.

Pueden reflejar obsesión, tendencia a dar vueltas de forma obsesiva a una preocupación. Es también un signo de coquetería, de gusto por la estética.

Figura 28: Punto en forma de círculo.

capítulo 6

la dimensión en la escritura

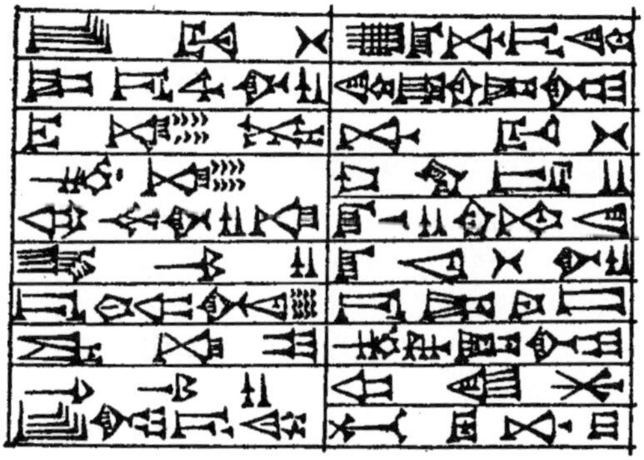

Fragmento del código de Hammurabi
con caracteres cuneiformes
en idioma akkadio.

Al estudiar y analizar el tamaño de la escritura estamos analizando y estudiando la dimensión de los movimientos. Se puede decir que la dimensión de los movimientos refleja la fuerza del impulso vital.

Toda extensión indica la vitalidad de la persona junto con la actitud que tiene frente a la sociedad que le rodea y en la cual el individuo se desarrolla, mostrando su extraversión e introversión.

Todo alargamiento dirigido a la zona alta de la escritura, corresponde a la ambición de poder y de mando y refleja también la importancia personal y el orgullo. En otro ámbito refleja espiritualidad, imaginación, idealismo, ilusión, etc.

Toda ampliación o alargamiento de rasgos dirigidos hacia la zona baja de la escritura, manifiesta las tendencias instintivas.

Cuando se estudia la dimensión de la escritura, se encuentran múltiples variedades de la misma; seguidamente se detallan los principales tipos.

Escritura grande

Una escritura se define como grande si se observa que su zona media sobrepasa los tres milímetros de altura, y por lógica las hampas y jambas podrán tener alrededor de diez milímetros.

En muchos casos, se confunde la letra alta y sobrealzada con la letra de tamaño grande. Cuando la letra es grande, lo es en todas sus partes y, por el contrario, la letra alta y sobrealzada solamente es grande en sus zonas media y superior.

Una letra grande tiene varios significados, ahora bien, de forma general refleja fuerza expansiva, necesidad de demostrar, ejecutar y ser activo. Por otra parte, las personas que realizan este tipo de letra suelen ser individuos de una gran seguridad en sí mismos. Son personas que abarcan muchos datos y contrastes. Generalmente son sociales, extravertidos y claramente emotivos.

Este tipo de escritura expresa, en bastantes ocasiones, ciertas tendencias exhibicionistas, así como soberbia y una cierta altanería. Se pueden encontrar estas características en las mayúsculas muy exageradas y con adornos totalmente innecesarios.

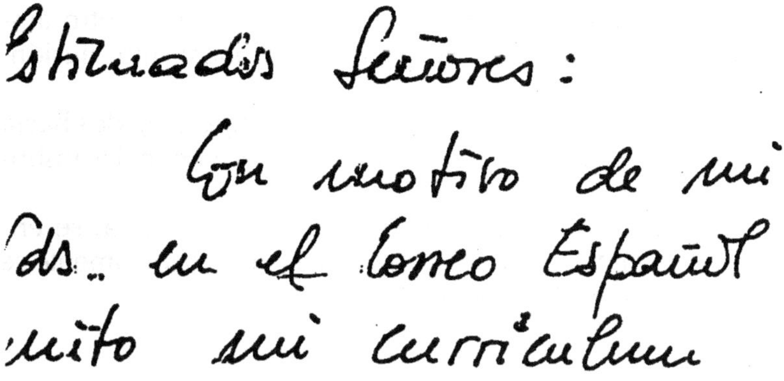

Figura 1: Ejemplo de escritura grande.

Escritura pequeña

Se puede clasificar como escritura pequeña toda letra cuya zona media sea inferior a dos milímetros y medio. La parte alta o hampa y la jamba o parte inferior de este tipo de escritura puede ser normal.

La escritura pequeña refleja en los individuos que la realizan una personalidad replegada, viven más intensamente su mundo interior que su mundo exterior. Son personas que difícilmente expresan sus emociones y sentimientos. Les gusta pasar desapercibidos y no llamar la atención. Son aquellos que prefieren escuchar más que hablar.

Suelen ser prudentes y precavidos. Todas sus decisiones son estudiadas y difícilmente se dejan llevar por las emociones, normalmente son racionales y analíticos.

Por todas estas características, suele encontrarse este tipo de escrituras en profesiones que requieren concentración y análisis.

La letra pequeña manifiesta en algunas ocasiones falta de energía, desaliento, angustia y depresión. Se observarán los puntos de la letra *i* caídos o la ausencia de los mismos, tildes de la letra *t* caídos, poca presión, mayúsculas muy pequeñas, etc.

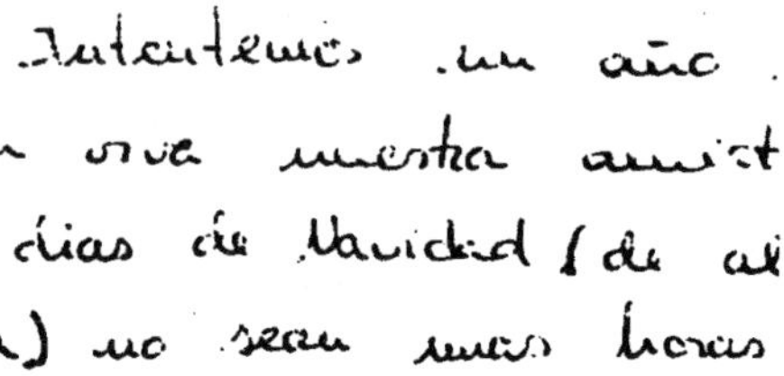

Figura 2: Ejemplo de letra pequeña.

Escritura alta

Pertenece a esta clasificación toda escritura cuya parte media es de una altura desproporcionada con relación a su anchura.

Esta escritura refleja que la persona que la realiza tiene una gran sensibilidad referente al valor que se le da socialmente. Su emotividad es muy vulnerable cuando se pone en entredicho su categoría social.

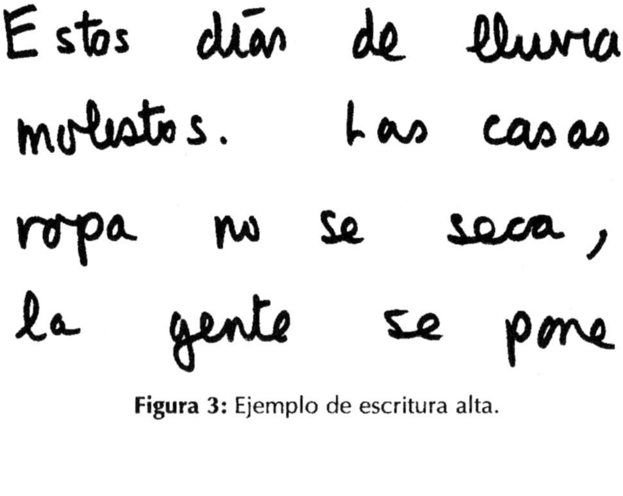

Figura 3: Ejemplo de escritura alta.

Escritura amplia o extensa

Se observa este tipo de escritura cuando las letras son más anchas que altas.

Las personas que reúnen estas características en su escritura son individuos muy abiertos y expansivos, que tienen una gran confianza en sí mismos. Suelen ser impacientes. También tienen gran capacidad y facilidad para relacionarse con los demás. Es características de personas extravertidas.

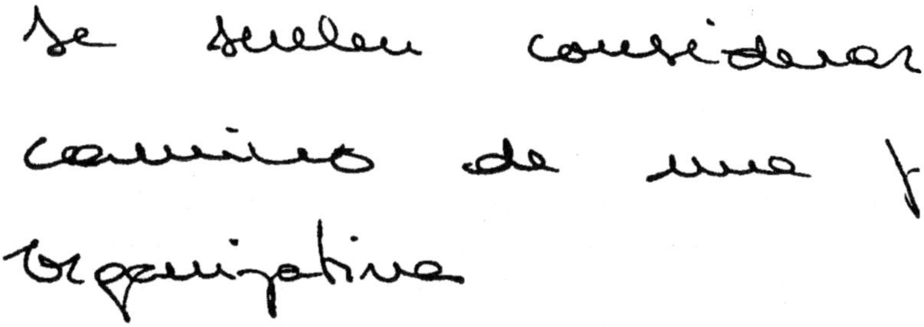

Figura 4: Ejemplo de letra amplia.

Escritura apretada

En este tipo de escritura se observa una considerable falta de espacio entre las letras: éstas se juntan dando la sensación de estar apretujadas.

Este tipo de escritura es propia de personas angustiadas y oprimidas, con miedo a ser dañadas, reservadas y, por lo tanto, introvertidas.

El siguiente ejemplo es una muestra de este tipo de escritura.

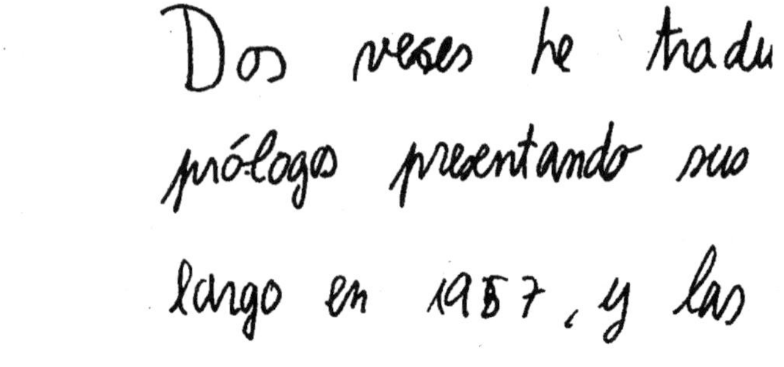

Figura 5: Ejemplo de letra apretada.

Escritura sobrealzada

Son escrituras en cuyas zonas altas presentan un tamaño excesivo: en las hampas, barras de la *t*, mayúsculas, etc.

Estas escrituras indican una personalidad segura de sí misma e interesada en temas religiosos o espirituales. Denota en ocasiones imaginación y utopía.

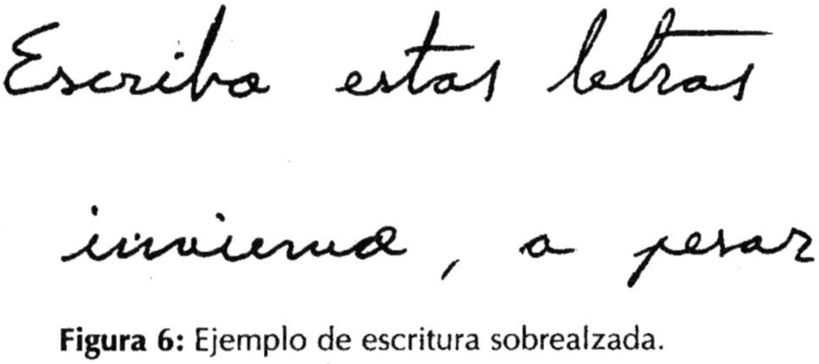

Figura 6: Ejemplo de escritura sobrealzada.

Escritura gladiolada

La escritura gladiolada se caracteriza por la pérdida de tamaño de las letras conforme avanzan hacia el final de la palabra.

Esta escritura se asocia a una especial capacidad de profundizar y de saberse ganar la confianza de los demás. Habilidad y perspicacia. Si se da con renglones caídos, temblores, sacudidas, etc., puede indicar debilidad y enfermedad.

Figura 7: Ejemplo de escritura gladiolada.

Todas las clasificaciones comentadas anteriormente, con respecto a la dimensión de la escritura, son las principales o básicas, aunque existen más combinaciones. Se pueden definir las siguientes: escritura filiforme, movida, sobria, lanzada, contenida, compensada, etc. La persona que se inicia en la grafología las irá descubriendo, aunque no se incluyen en el presente libro por la dificultad que representa distinguirlas claramente.

capítulo 7

la presión en la escritura

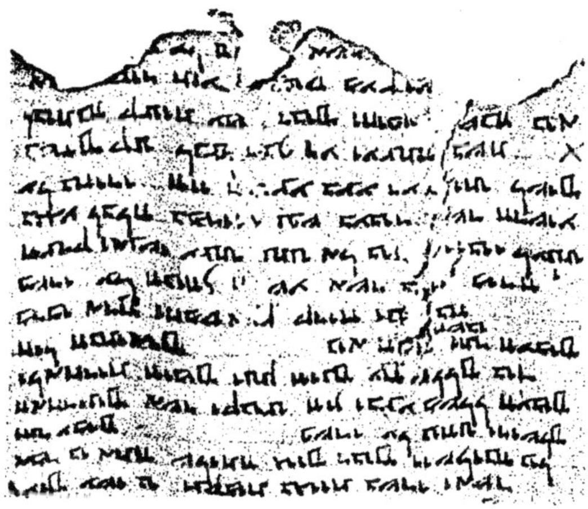

Fragmento de los manuscritos del mar Muerto
o Textos de Qumrán, en arameo antiguo.

La presión de la escritura expresa la potencia e intensidad de la libido o fuerza impulsora y creadora del ser. Manifiesta la fuerza de los instintos, tendencias, deseos, sentimientos y voluntad.

En la valoración de la presión de un escrito hay que tener en cuenta diferentes aspectos. En primer lugar, es de gran importancia saber qué clase de instrumento se ha utilizado para realizar el escrito; determinar si ha sido un rotulador, bolígrafo, un rotulador de punta fina, etc. De la misma forma, también es importante la superficie sobre la cual se escribe, pues variarán mucho las características de la presión si se ha escrito sobre una superficie dura o, por el contrario, sobre una algo blanda. Ante la imposibilidad de tener en nuestras manos este tipo de información, se aconseja obtener diferentes escritos de la persona a quien se quiere analizar.

La presión de la escritura es uno de los aspectos del análisis grafológico que reviste mayor dificultad a la hora de dictaminarlo. Su estudio abarca la tensión, la profundidad, la fuerza, el peso aparente, las desigualdades de la presión, el relieve y diferentes anomalías.

Dada la amplitud del tema y la dificultad que conlleva el diferenciar y catalogar tantos aspectos, creo más interesante presentar una serie de muestras de escrituras junto con su análisis, facilitando así la iniciación en el estudio de la presión de la escritura a toda persona neófita en la grafología.

Escritura de trazo ligero o fino

Este tipo de escritura refleja sensibilidad, delicadeza, impresionabilidad e intuición. Si se da este tipo de trazo con hampas prolongadas denota sentido místico.

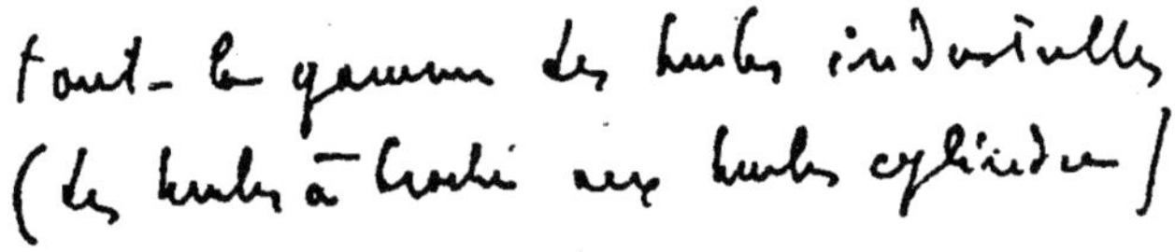

Figura 1: Ejemplo de escritura de trazo ligero.

Escritura de trazo grueso

El trazo de tipo grueso refleja una libido fuerte, gran predominio de las sensaciones, sensualidad y supremacía de los instintos.

Figura 2: Ejemplo de escritura de trazo grueso.

Escritura de trazo nutrido

Los escritos con estas características denotan una gran vitalidad. Se trata de personalidades con una gran energía psíquica y nerviosa, así como con una gran capacidad de trabajo. Si se da este tipo de trazo junto con escritura movida, refleja intrepidez y vigor, así como una gran imaginación creadora.

Figura 3: Ejemplo de escritura de trazo nutrido.

Escritura de trazo neto

Se caracteriza el trazo neto por tener contornos precisos y sin adornos, junto con firmeza de trazo y profundidad.

Denota vitalidad delicada pero resistente. Su energía es moderada. Existe dominio de sí mismo y objetividad.

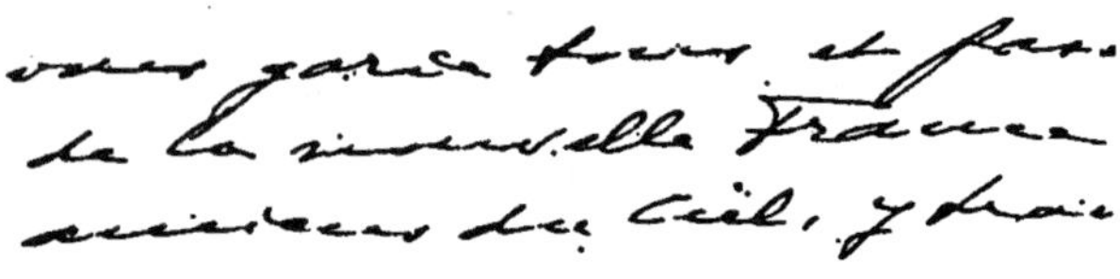

Figura 4: Ejemplo de escritura de trazo neto.

Escritura magra

Este tipo de trazo suele coincidir con una escritura alargada, siendo ésta ligera y en ocasiones estrecha. Su aspecto es generalmente seco.

Refleja una personalidad introvertida en la que domina la razón y el pensamiento lógico. Denota sequedad de carácter. Y si coincide con trazo rígido expresa fanatismo.

Figura 5: Ejemplo de escritura magra.

Escritura de trazo pastoso

El trazo pastoso se caracteriza por su pesadez y flojedad. Presenta bordes mal delimitados o poco netos.

Una escritura con estas características refleja gusto por toda clase de placeres. El trazo pastoso con ritmo y originalidad manifiesta capacidad para las artes plásticas, apreciación del arte gracias al gusto estético y captación de los contrastes. Si el conjunto de la escritura es negativo puede indicar decadencia física y enfermedad.

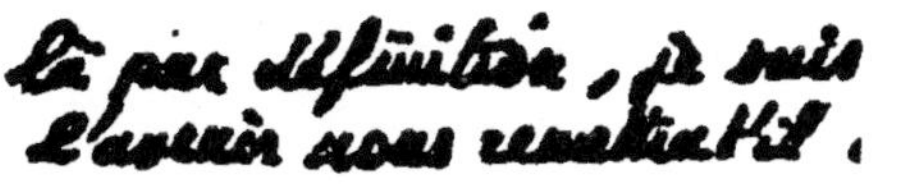

Figura 6: Ejemplo de escritura de trazo pastoso.

Escritura de trazo en relieve

La escritura cuyo trazo se realiza con relieve se caracteriza por tener contraste entre los plenos y los perfiles, se aprecia también este contraste entre los trazos y el blanco del papel. Sus bordes son netos.

Esta escritura refleja personalidad equilibrada, estabilidad y voluntad. Poca influenciabilidad. Si el conjunto de la escritura es positivo, denota gran capacidad creadora y realizadora.

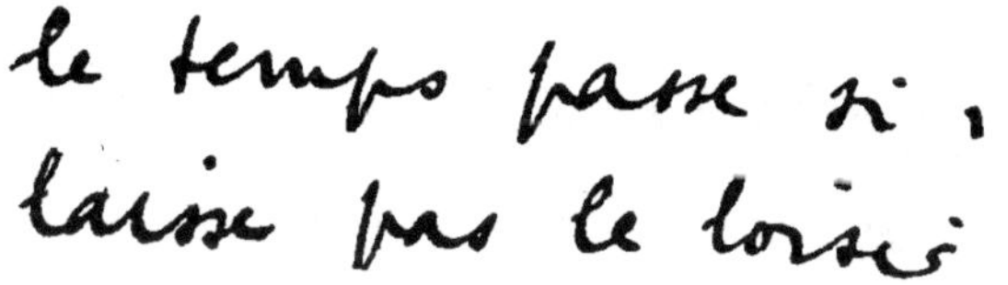

Figura 7: Ejemplo de escritura con trazo en relieve.

Escritura de trazo tembloroso

Los trazos de este tipo de escritura se realizan con sacudidas.

El trazo tembloroso puede ser producido por frío, vejez, fatiga. En otras ocasiones refleja irritación, emotividad exaltada, así como toda clase de intoxicaciones.

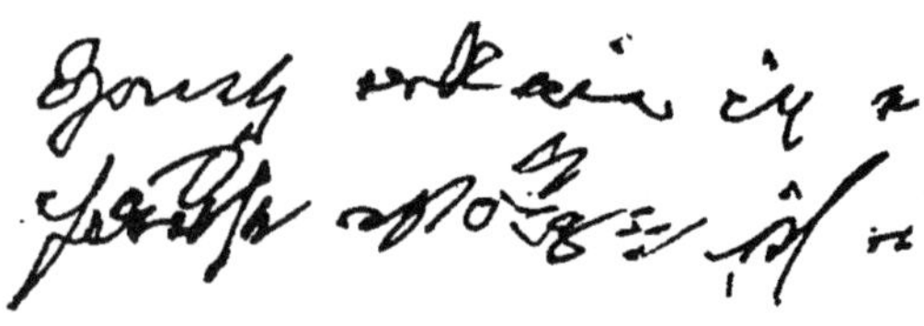

Figura 8: Ejemplo de escritura de trazo tembloroso.

Escritura de trazo flojo

El trazo flojo se distingue por su mala limitación, escasa tensión y falta de dinamismo.

La escritura de trazo flojo refleja relajación general, astenia, falta de precisión e inconsistencia; unido con escritura filiforme, acrecienta estas características, reflejando en muchas ocasiones depresión. Es un tipo de escritura que manifiesta una libido débil y bloqueada.

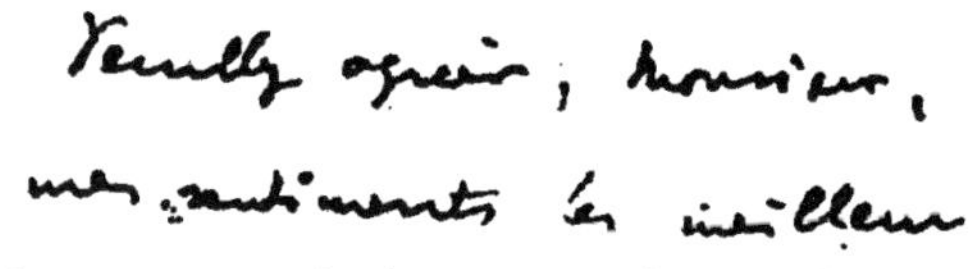

Figura 9: Ejemplo de escritura de trazo flojo.

Escritura brisada

La escritura brisada se define como un conjunto de trazos en cuyo recorrido se encuentran interrupciones.

La escritura de trazo brisado se da normalmente en personas que han sufrido una operación. Expresa también algún tipo de deficiencia física, problemas respiratorios, circulatorios, cardíacos, etc.

Figura 10: Ejemplo de escritura de trazo brisado.

Escritura de trazo espasmódico

En la escritura espasmódica se hallan repentinos espesamientos a lo largo del trazado de la misma, cambiando de movimientos suaves y delicados hacia una presión fuerte y brusca de forma alternativa.

Este tipo de escritura es reflejo de vida instintiva. Muestra impulsividad, así como gusto por el placer. También señala cambios bruscos de carácter, irritabilidad y falta de autocontrol.

Figura 11: Ejemplo de escritura de trazo espasmódico.

Escritura de trazo masivo

La escritura masiva se detecta al apreciar una acumulación del espesor del trazo en los tramos finales, así como en horizontales y verticales.

El trazo masivo produce las denominadas mazas, que son reflejo de una acumulación de energía inhibida. La persona que realiza el trazo masivo muestra, por lo tanto, emociones e instintos bloqueados que la inducen a experimentar descargas explosivas y bruscas. En ocasiones estos bloqueos se canalizan hacia actividades profesionales, deportivas, etc.

Figura 12: Ejemplo de escritura con trazos en maza.

capítulo 8

la forma de la escritura

Caligrafía artística japonesa, obra de Yasura Koun.

Si se observan las formas de las escrituras manuscritas, se aprecia que no existen dos escrituras completamente iguales. Por lo general, podemos encontrar escrituras que reúnen unas características que les dan cierta similitud unas con otras, y partiendo de esta base, se han creado unas catalogaciones en las que se intenta identificar todos los tipos o formas de escritura.

La forma de la letra es la representación grafica de nuestra inteligencia, imaginación, nivel cultural, madurez, delicadeza y sensibilidad. También refleja los desarreglos de la personalidad, así como la adaptación o inadaptación a la sociedad.

Seguidamente se detallan diferentes modelos de escritura, así como su paralelismo psicológico.

Escritura angulosa

En los trazos de una escritura angulosa se aprecia un predominio de la línea recta sobre la línea curva. Se reemplaza la línea curva del modelo caligráfico por ángulos o movimientos duros y cortantes.

Este tipo de escritura denota voluntad, firmeza y tenacidad. Al revés que la curvilínea, la letra angulosa es sinónimo de inadaptación. Los autores de esta escritura suelen ser personas trabajadoras y tenaces, ahora bien, teniendo en claro que no son nada elásticas, su sentido de la adaptabilidad está poco desarrollado. Esta escritura refleja una personalidad apropiada para trabajos de mando o bien para trabajos autónomos.

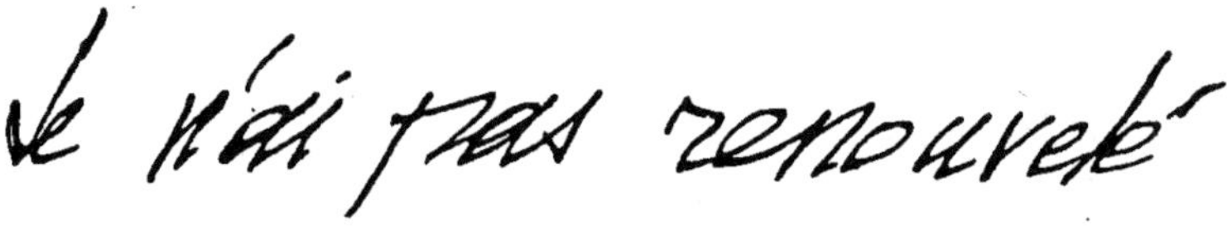

Figura 1: Ejemplo de escritura angulosa.

Escritura redondeada

Al observar este tipo de escritura se aprecia rápidamente un predominio de la línea curva sobre la recta. Esta clase de escritura denota adaptación, buen trato, sociabilidad, alegría y buen talante. La escritura redondeada con buen ritmo refleja una persona con reflejos y capacidad de improvisación.

Figura 2: Ejemplo de escritura redondeada.

Escritura caligráfica

Este tipo de escritura, como su nombre indica, se realiza respetando las formas originales caligráficas. Denota una personalidad obediente y disciplinada. Personalidad clásica y muy pautada. Son personas que se desenvuelven bien respetando normas, hábitos, horarios, etc. Tienen poca capacidad de reacción delante de un imprevisto.

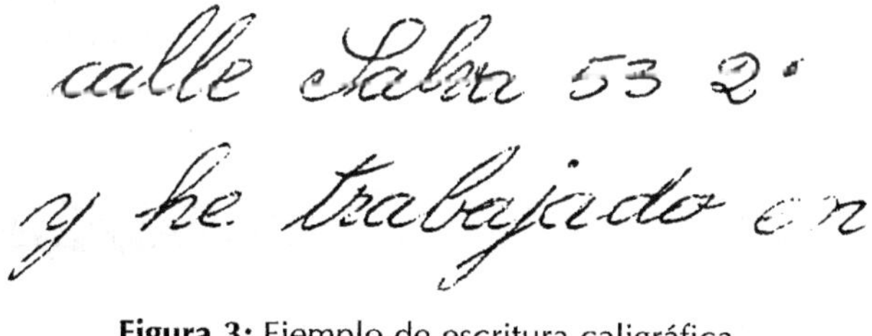

Figura 3: Ejemplo de escritura caligráfica.

Escritura complicada

Presenta trazos complicados que forman una escritura excéntrica y alejada de las normas caligráficas.

Reflejan gusto por llamar la atención y por diferenciarse de los demás. Suelen ser personas de una sensibilidad especial, junto con un gran sentido artístico. Su excentricidad es en ocasiones poco entendida, pues suelen ser un vivo reflejo de la inadaptación a la vida y las costumbres sociales.

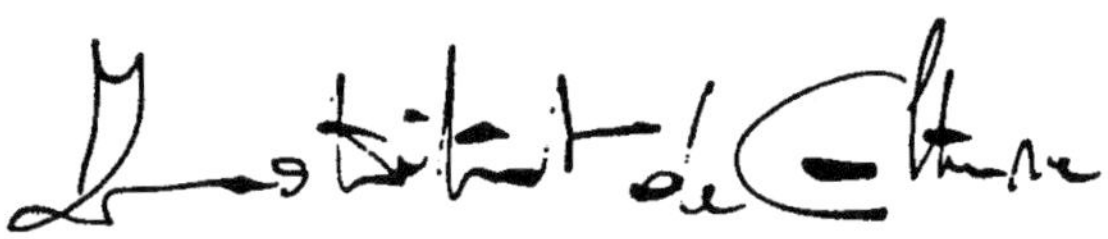

Figura 4: Ejemplo de escritura complicada.

Escritura armoniosa

En este tipo de escritura se aprecia armonía en todos sus trazos, de formas claras y proporcionadas, ritmo natural y trazo espontáneo.

Denota una personalidad equilibrada en todos sus aspectos, buena adaptación al medio, así como desarrollo interno creativo. Es reflejo de felicidad y armonía.

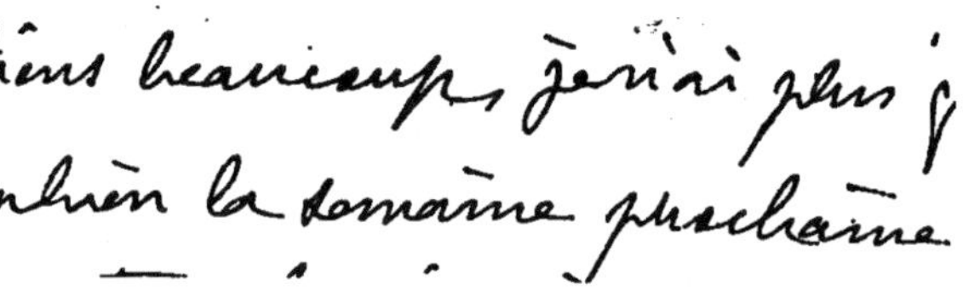

Figura 5: Ejemplo de escritura armoniosa.

Escritura inarmónica

Esta escritura carece de armonía en muchos aspectos y subaspectos, especialmente en presión, forma, tamaño y velocidad.

Esta escritura es la antítesis de la escritura armoniosa. En ella se aprecia un descontrol de la persona en muchos aspectos de su vida. El individuo se debate en un mundo de sensaciones y emociones contradictorias, le cuesta mantener un control de su vida. Su estado interno es de total crisis.

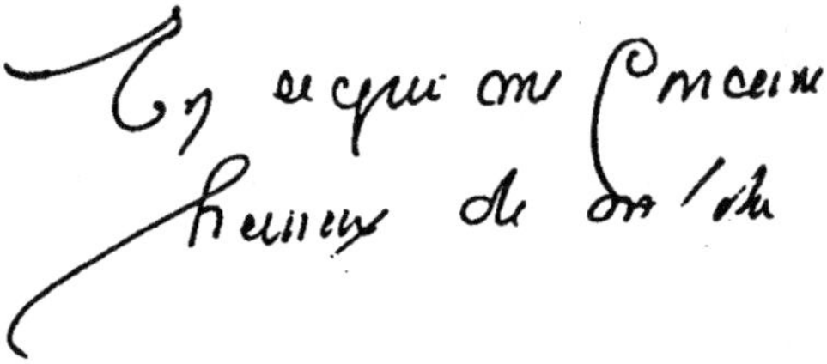

Figura 6: Ejemplo de escritura inarmónica.

Escritura simplificada

Esta escritura está caracterizada por la sencillez de sus formas, se aprecian unas letras formadas escuetamente con su estructura esencial y mínima.

Es corriente encontrar en este tipo de escritura mayúsculas tipográficas. La escritura simplificada refleja una personalidad caracterizada por la claridad mental, la sencillez, la habilidad para saber extraer el sentido auténtico de las cosas, la capacidad de síntesis, juicio y precisión, así como la sencillez y la nobleza de carácter.

En la página siguiente vemos un ejemplo.

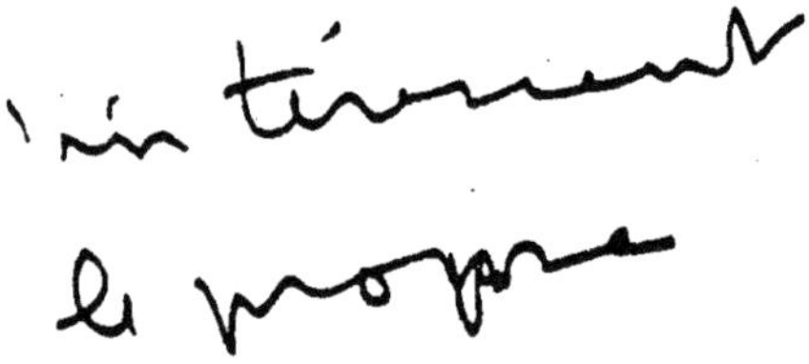

Figura 7: Ejemplo de escritura simplificada.

Escritura adornada

En su formación, esta escritura utiliza adornos y trazos accesorios, especialmente en las mayúsculas, jambas y rúbricas. Recargan la escritura con adornos.

Esta escritura denota gusto por la estética y los detalles. Si se adornan las mayúsculas, muestra afán de agradar y darse más valor. Sus autores son personas que otorgan una gran importancia a las apariencias.

Figura 8: Ejemplo de escritura adornada.

Escritura tipográfica

La escritura tipográfica se distingue rápidamente por imitar los caracteres de imprenta. Se encuentran escrituras cuyas mayúsculas, así como algunas otras letras, hacen uso de letras tipográficas. Lo que refleja individuos de cierto nivel cultural, prácticos y precisos.

Existen escrituras cuya totalidad de letras están realizadas con la escritura tipográfica. Denotan una personalidad práctica y moderna. Reflejan, de la misma forma, cierta ocultación al no querer mostrarse tal como se es, por lo que representa una forma de impersonalización.

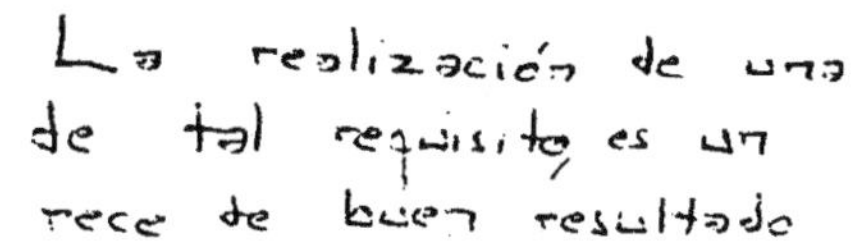

Figura 9: Ejemplo de escritura tipográfica.

El coligamiento

El coligamiento está incluido en el aspecto de la forma de la escritura. Es, por tanto, un subaspecto denominado coligamiento.

El coligamiento es de una gran importancia, pues refleja la forma que tiene el individuo de adaptarse a los demás, su forma auténtica de sentir su relación con las otras personas que le rodean, no la imagen que él quiere dar.

Se puede definir el coligamiento como la forma de enlazar unas letras con otras.

Distinguiremos las siguientes formas de enlace:

Coligamiento en guirnalda

El coligamiento o enlace de las letras en forma de guirnalda es suave y utiliza la línea curva.

Este tipo de enlace refleja una muy buena adaptación y relación con los demás. La guirnalda manifiesta una persona amante de la relación, disfruta conociendo diferentes personas y no le crea ningún conflicto tener que adaptarse.

Figura 10: Ejemplo de escritura con coligamiento en guirnalda.

Coligamiento en ángulo

Este tipo de enlace se caracteriza por unir las letras formando ángulos.

Manifiesta una forzada relación con los demás, así como una adaptación con tensión y nerviosismo. La persona no disfruta relacionándose, le gusta escoger con quién se relaciona y con quién no. Su carácter le lleva más a desarrollar su propio criterio, le gusta ir a la suya y, por lo tanto, muestra dificultad para adaptarse. Sirve más para mandar que para obedecer. Pueden ser personas exigentes e impacientes, pero a su vez son tenaces trabajadores así como amigos leales.

Figura 11: Ejemplo de escritura con enlace en ángulo.

Coligamiento en bucle

Este tipo de coligamiento se caracteriza por enlazar unas letras con otras utilizando bucles y anillos.

Denota un carácter abierto y extravertido, este tipo de personas suelen tener gran facilidad de palabra, así como una habilidad especial para relacionarse y hacer amistades. Saben convencer. Estos individuos tienen un gran atractivo personal. Llevado al extremo, como todo, pueden ser demasiado interesados, así como empalagosos y pesados.

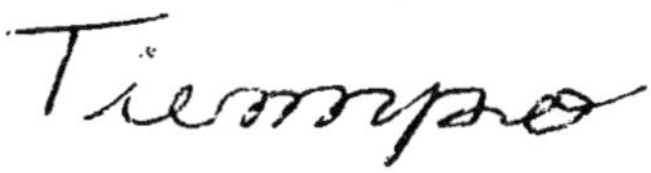

Figura 12: Ejemplo de escritura enlazada con forma de bucle.

Coligamiento en arco

Este enlace une las letras unas con las otras por su parte superior y utilizan movimientos en arco.

Manifiesta una forma de relacionarse y adaptarse con un determinado interés. Existe cierta actitud premeditada y estudiada. Se puede decir que se relaciona y adapta pero sin franqueza y claridad, no actúan inocentemente, se protegen y calculan el resultado de sus actos.

Figura 13: Ejemplo de escritura con enlace en arco.

Coligamiento filiforme

Las letras se unen mediante finos hilos.

El enlace filiforme denota una persona impaciente y rápida, odia los rodeos, le gusta ir directamente al grano. Es la antítesis de aquellos que enlazan sus letras en bucle.

No tienen paciencia para los detalles, captan el conjunto rápidamente. Suelen ser personas muy herméticas e introvertidas. Detestan hablar por hablar o perder el tiempo.

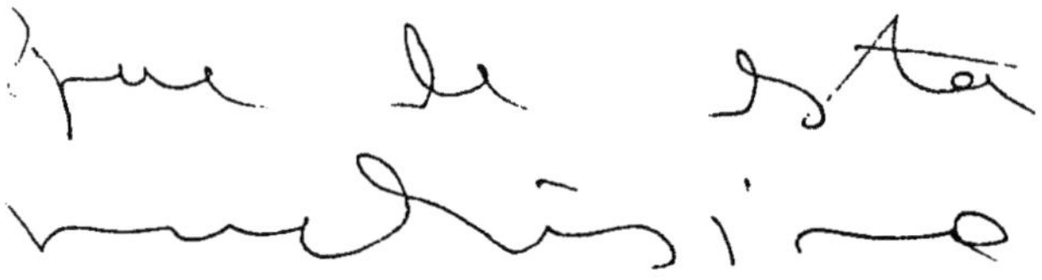

Figura 14: Ejemplo de escritura con enlace filiforme.

Coligamiento impreciso o mixto

Es una escritura en la que se pueden encontrar dos o más enlaces, en guirnalda, arco, filiforme, etc.

Otorgando el sentido exacto a cada enlace que se realice, se tendrá una idea clara de las diferentes actitudes que puede tomar la misma persona. Si se dan múltiples enlaces junto a una escritura inarmónica, con grandes desproporciones, etc., puede tratarse de un caso patológico.

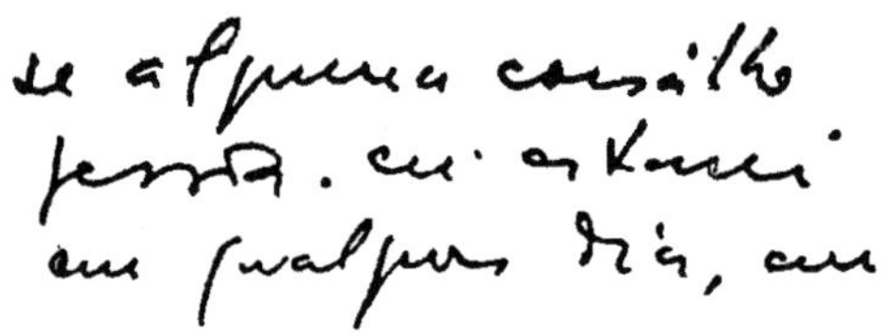

Figura 15: Ejemplo de escritura con enlace mixto.

capítulo 9

la cohesión de la escritura

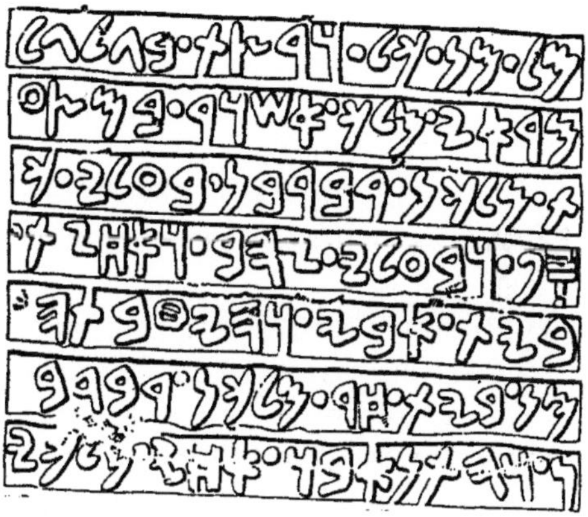

Inscripción aramea de Bar-Rakib, procedente de Zincirli.

La cohesión de la escritura estudia la continuidad de los enlaces de las letras que forman las diferentes palabras de un escrito.

En este apartado se distinguirán formas de cohesión dependiendo de la intensidad de los enlaces.

Escritura ligada

En las escrituras ligadas se observa una unión constante entre las letras, aunque puede encontrarse alguna interrupción debido a la presencia de un punto o una tilde de la letra *t*.

Este tipo de escritura refleja fluidez en la relación con los demás. La persona mantiene un pensamiento lógico y deductivo. Facilidad de ideas, empuje constante para la consecución de sus fines.

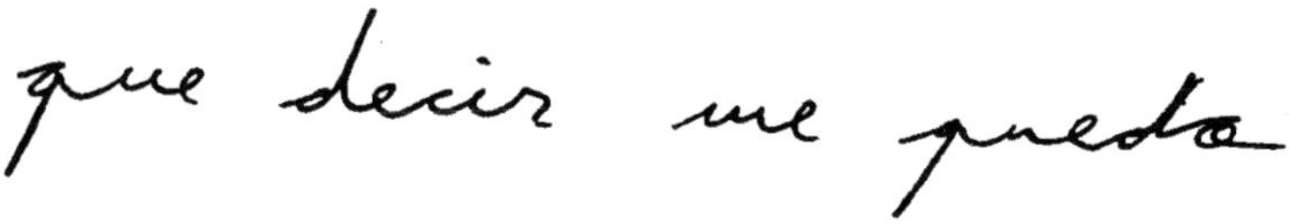

Figura 1: Ejemplo de escritura ligada.

Escritura desligada

En estas escrituras las letras que forman las palabras se encuentran sueltas sin ningún nexo entre ellas.

Esta escritura es un reflejo de un individuo intuitivo más que deductivo. Son personas que se fijan más en el detalle que en el conjunto. Su forma de relacionarse con los demás suele ser difícil, no se exponen fácilmente al contacto. Predomina su vida interior sobre el mundo exterior.

Figura 2: Ejemplo de escritura desligada.

Escritura agrupada

En estas escrituras las letras que forman las palabras están unidas en grupos de dos, tres o más letras.

En las personas que realizan la escritura reagrupada se aprecia un equilibrio entre la razón y la intuición, entre el consciente y el inconsciente; no existe ningún tipo de represión en ambos funcionamientos. Son individuos ágiles, así como hábiles para desenvolverse en la sociedad que les rodea.

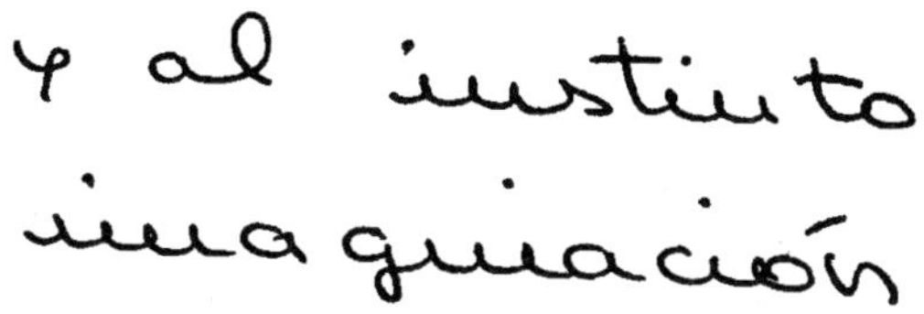

Figura 3: Ejemplo de escritura agrupada.

Escritura con lapsos de cohesión

Este término fue definido por el gran grafólogo Augusto Vels, quién precisó los lapsos de cohesión como la separación excesiva entre letras dentro de las palabras.

Según el mismo autor, los lapsos son reflejos de inhibición, son un freno de toda espontaneidad debido normalmente a temor, inseguridad, timidez y duda. Marca la existencia de un conflicto que bloquea a la persona impidiendo su fluidez.

Figura 4: Ejemplo de escritura con lapsos de cohesión.

Escritura combinada

En estas escrituras se aprecia rapidez, los enlaces son originales y creativos; los puntos se unen a la letra siguiente así como las barras de las *t.* Existe originalidad en todo el grafismo, reflejando vivacidad.

Este tipo de escrituras muestran una personalidad creativa, con empuje, imaginación y originalidad para llevar a cabo las ideas. Capacidad de síntesis. Saben sintetizar ideas y conceptos.

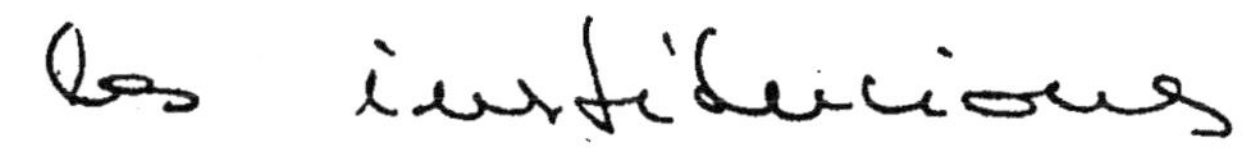

Figura 5: Ejemplo de escritura combinada.

Escritura fragmentada

Las letras de este tipo de escritura están formadas por trazos desunidos.

Reflejan un individuo claramente intuitivo, cuya visión de las cosas proviene de su interior. Suelen ser personas individualistas. En ocasiones estas escrituras reflejan ansiedad y disociación de la personalidad.

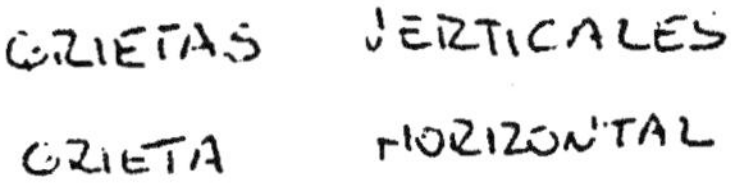

Figura 6: Ejemplo de escritura fragmentada.

Escritura desigual

Estas escrituras ligan las letras de las palabras sin seguir una pauta determinada, en la misma escritura se pueden encontrar palabras ligadas y otras en las que las letras no se enlazan.

Reflejan polaridad, la persona se debate en dudas, tiene momentos de arranque fuerte y seguidamente se bloquea. Existe una lucha entre el consciente y el inconsciente.

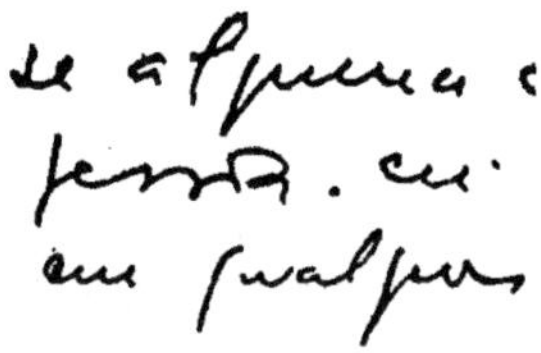

Figura 7: Ejemplo de escritura desigual.

capítulo 10

la velocidad en la escritura

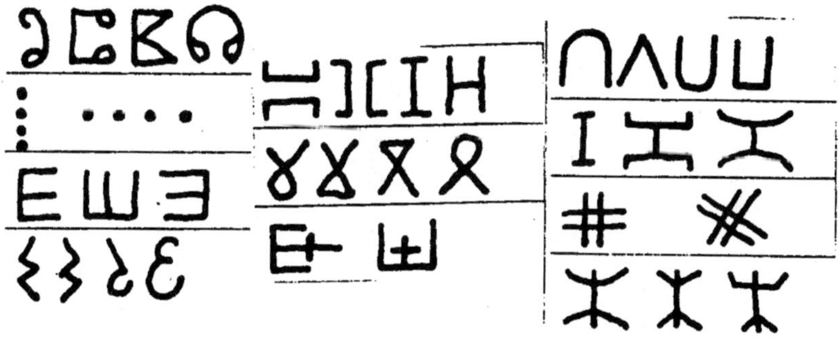

Caracteres tifinar de los tuaregs del Hoggar, en Tassili n'Ajjer.

El aspecto que analiza la velocidad o rapidez de una escritura manuscrita, aporta información sobre el ritmo o vivacidad que tiene el individuo a la hora de llevar a la acción sus ideas, su trabajo, etc. Como resultado se obtiene la inteligencia, capacidad creadora, condicionamientos, autocontrol, organización, etc.

Al observar una escritura se apreciará que cuanta más velocidad tiene, menos precisión se advierte en su caligrafía, y cuanto más precisión muestra su caligrafía, menos velocidad y ritmo tiene la escritura.

Se pueden señalar los siguientes signos que denotan velocidad:

- Trazados despejados con formas redondeadas.
- Escrituras progresivas.
- Escrituras simplificadas.
- Puntos y acentos colocados sin precisión.
- Uniones de la acentuación y barras de la *t* unidas con la letra siguiente.
- Últimas letras en disminución.
- Escritura dilatada al final de las líneas.
- Líneas ascendentes.

Los signos que denotan lentitud son:

- Escritura regresiva.
- Formas temblonas y brisadas.
- Puntos, acentos y barras de la *t* colocados con toda precisión.
- Reajustes, retoques.
- Escritura cuidada en los detalles.
- Escritura pastosa o floja.
- Todos los adornos y enriquecimientos.

Escritura lenta

Los trazos de esta escritura son muy redondos, monótonos, estereotipados, adornados, caligráficos, grandes, pesados y pastosos.

Muestra una persona más capacitada para el detalle y la precisión que para globalizar y sintetizar. Antepone la razón a la intuición, el consciente al inconsciente.

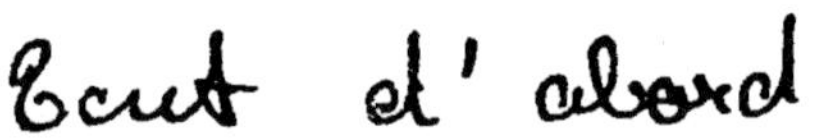

Figura 1: Ejemplo de escritura lenta.

Escritura pausada

La escritura pausada se reconoce cuando se observa dimensión mediana, letras bien formadas, puntuación bien colocada.

Esta escritura muestra una personalidad muy receptiva y contemplativa, sabe disfrutar y paladear la vida, más interesada por la calidad que por la cantidad. Son personas juiciosas y sensatas.

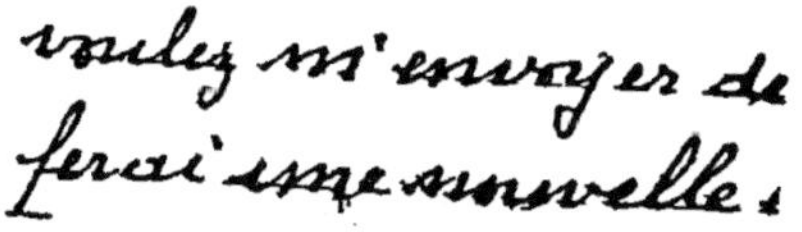

Figura 2: Ejemplo de escritura pausada.

Escritura rápida

En la escritura rápida se apreciarán las siguientes características: predominio de lo curvilíneo, sencillez, espontaneidad, simplificaciones, enlaces originales, puntuación adelantada, inclinación hacia la derecha, terminaciones de los trazos acerados o puntiagudos, letras con cierta deformación.

La escritura rápida refleja una persona de reacciones rápidas, inteligencia, capacidad de improvisación y de síntesis; así como una gran rapidez para asimilar ideas y conceptos nuevos.

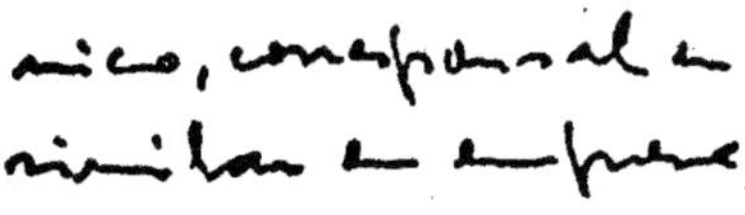

Figura 3: Ejemplo de escritura rápida.

Escritura precipitada

Se distinguirá este tipo de escritura por los siguientes rasgos: escritura filiforme, trazos pequeños, trazos lanzados, irregularidad en las dimensiones, irregularidades de espacio. Un aspecto muy claro de esta escritura es que su lectura resulta difícil.

Denota personalidad muy impaciente, activa e imprudente. Refleja también pasión, cólera e irritabilidad. Esta escritura delata una persona a la que le cuesta dominar su vida, carente de armonía y paz interior y en una continua agitación.

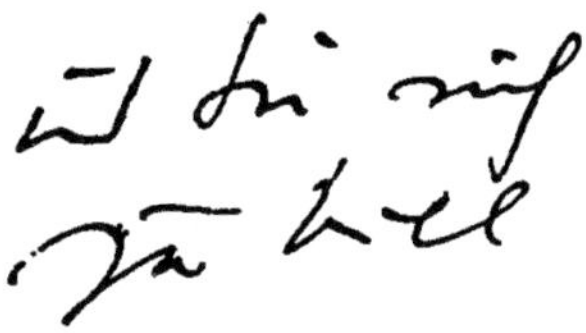

Figura 4: Ejemplo de escritura precipitada.

capítulo 11

la dirección de las líneas

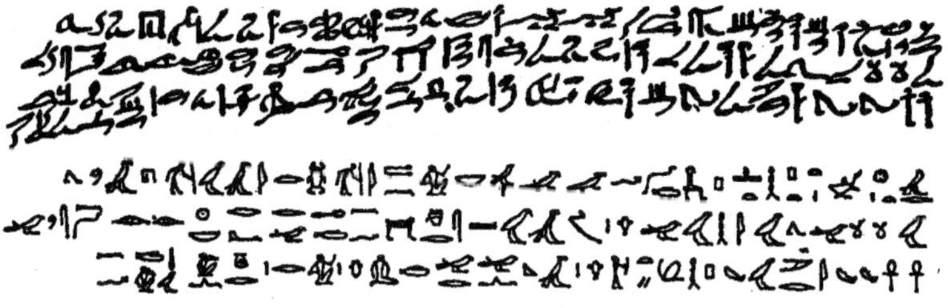

Escritura hierática de la dinastía XII y, abajo, transcripciones jeroglíficas modernas.

La dirección de las líneas de un escrito es un indicador del estado de ánimo, talante, humor; así como de la voluntad del individuo. Son como un cardiograma que muestra la estabilidad o inestabilidad del sujeto.

Se pueden distinguir las siguientes variaciones en la forma de dibujar las líneas de un escrito.

Escritura de líneas horizontales

Las escrituras cuyas líneas guardan horizontalidad son reflejo de una personalidad constante y equilibrada. Sabe mantener sus ideas y llevarlas a cabo. Su talante es muy equilibrado y tranquilo.

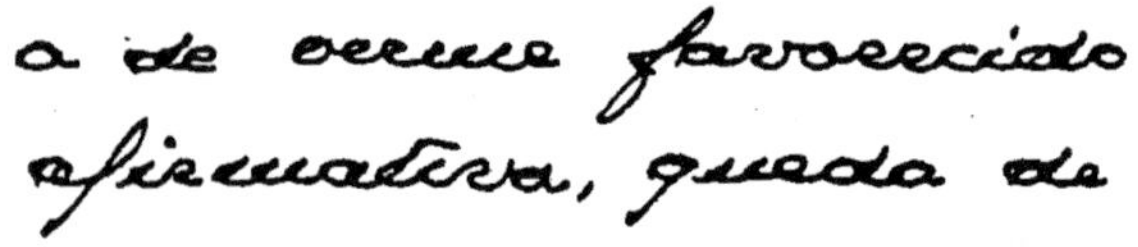

Figura 1: Ejemplo de líneas horizontales.

Escritura de líneas ascendentes

Las escrituras con líneas ascendentes reflejan una personalidad luchadora y voluntad tenaz. Delante de las adversidades se crece y afronta todo conflicto con testadurez.

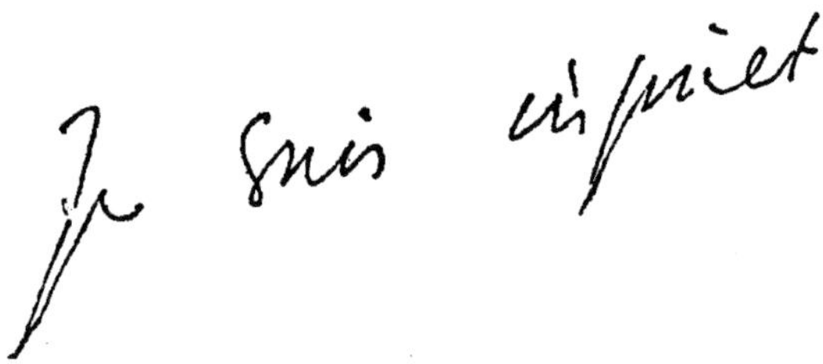

Figura 2: Ejemplo de líneas ascendentes.

Escritura de líneas descendentes

Las escrituras con líneas en sentido descendente indican que la persona está en un momento de total abandono. Denotan falta de energía, ilusión y ánimo; ha perdido el control.

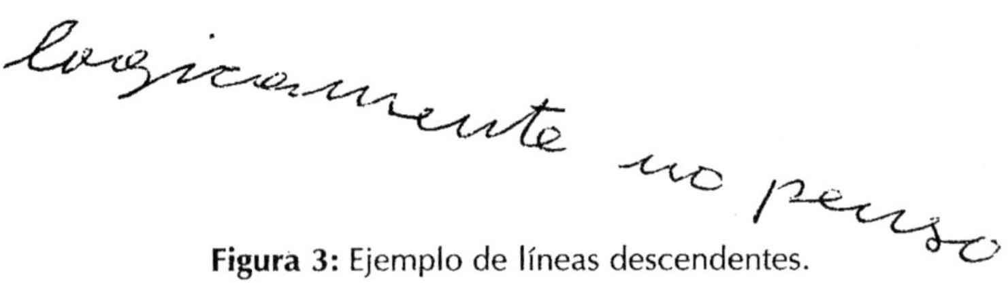

Figura 3: Ejemplo de líneas descendentes.

Escritura de líneas ondulantes

Las escrituras de líneas ondulantes manifiestan una personalidad muy sensible a todo lo que le acontece. Su ánimo fluctúa de la ilusión a la desilusión en un breve período de tiempo.

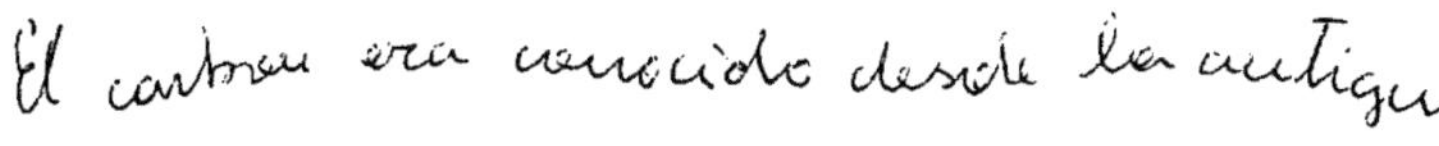

Figura 4: Ejemplo de líneas ondulantes.

Escritura de líneas cóncavas

Las líneas cóncavas se caracterizan por su desarrollo en forma de onda abierta.

El sujeto de estas escrituras inicia las acciones sin convencimiento y con cierto pesimismo, pero poco a poco toma seguridad y entusiasmo.

Figura 5: Ejemplo de línea cóncava.

Escritura de líneas convexas

Las líneas convexas se inician en ascensión para luego descender.

Son reflejo de un individuo que pone mucha fuerza y energía en un principió para llevar a su fin lo que persigue, pero poco a poco decae su impulso e ilusión, le falta constancia en sus impulsos.

Figura 6: Ejemplo de línea convexa.

capítulo 12

la inclinación de la escritura

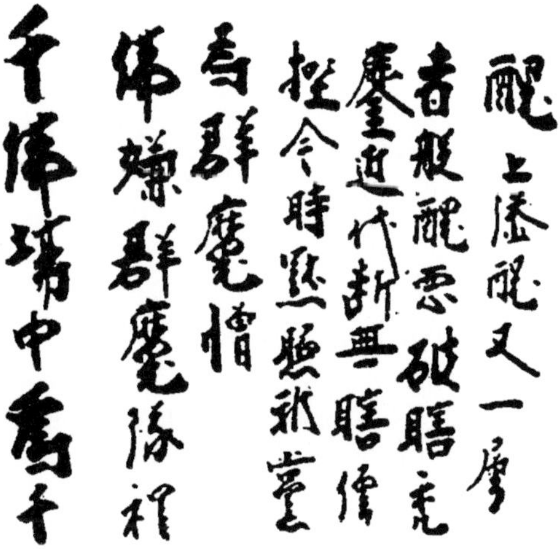

Escritura japonesa del maestro zen Hakuin, principios del siglo XVIII.

El estudio y análisis de la inclinación en la escritura nos informarán sobre la necesidad de contacto afectivo, intelectual, mental o físico. Denota también el dominio que se tiene de sí mismo y de las emociones.

A continuación se detallan las formas básicas de inclinación, dentro de cada una de ellas existen variaciones de ángulo, lo cual acrecentará o disminuirá el sentido dado a la misma.

Escritura inclinada

Se aprecia una inclinación de los trazos hacia la derecha del texto.

Refleja una personalidad muy sociable con una gran necesidad de relacionarse. Son individuos que viven y disfrutan de su relación con los demás. Denota también apertura a cosas nuevas y diferentes, interés por el futuro.

Figura 1: Ejemplo de escritura inclinada.

Escritura invertida

Se caracteriza esta escritura por la inclinación de sus letras hacia el lado izquierdo del texto.

La escritura invertida manifiesta recogimiento y freno. La persona no se siente con ánimos ni interés de relacionarse. El individuo vive recluido en sí mismo.

Figura 2: Ejemplo de escritura invertida.

Escritura vertical

Las letras de esta escritura forman un ángulo recto o de noventa grados en su relación con la base.

Esta escritura refleja equilibrio de la persona entre su consciente y su inconsciente. Difícilmente se deja influir por el mundo que le rodea. Hay equilibrio entre el exterior y el interior. Viven en el presente en el aquí y ahora.

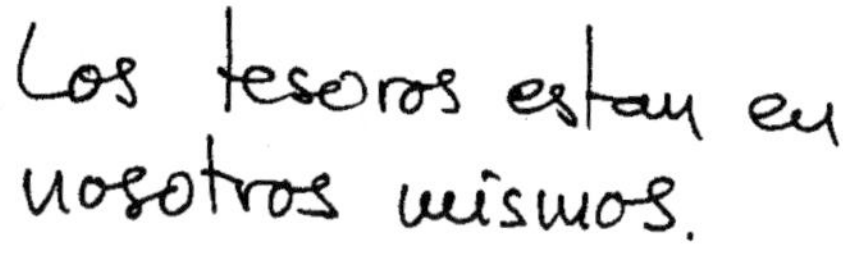

Figura 3: Ejemplo de escritura vertical.

Escritura de inclinación desigual

Este tipo de inclinación se distingue al observar en un mismo escrito letras inclinadas y verticales de una forma alterna.

La persona que realiza este tipo de escritura se mueve en un mundo de dudas. Existe una lucha entre su interior y el exterior. Es influenciable, cambia de opinión fácilmente. La persona vive en una continua duda y angustia. Esta escritura refleja claramente un estado interior de crisis y cambios.

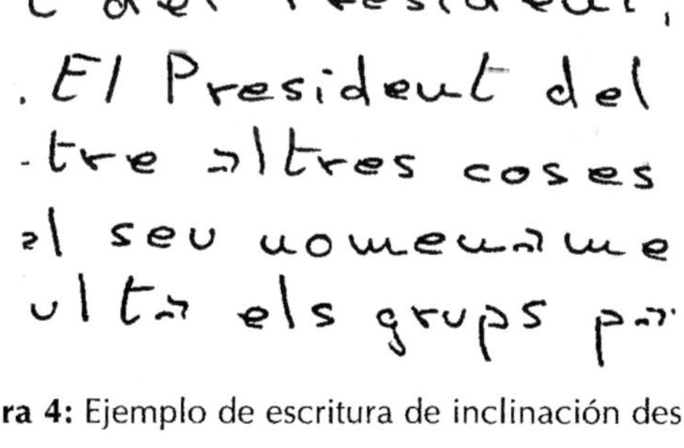

Figura 4: Ejemplo de escritura de inclinación desigual.

capítulo 13

los trazos iniciales y finales

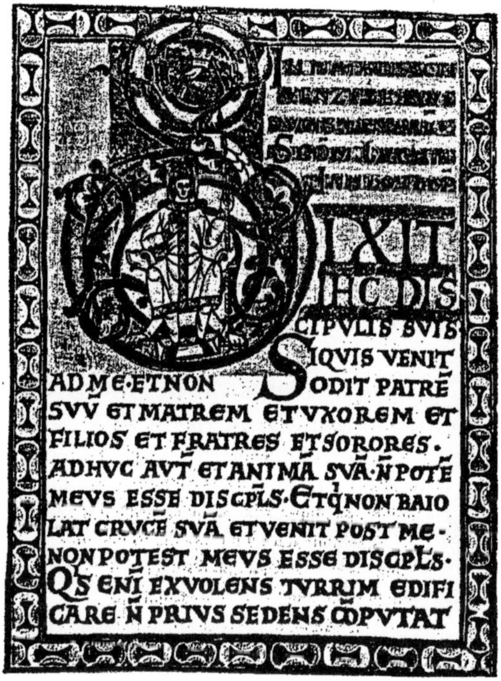

Escritura del siglo XI. Pertenece al
Evangelio de la Coronación, con san Venceslao.

Toda letra y toda palabra escrita constan de un inicio y un final en su formación. La forma de iniciar una letra, así como de finalizarla, es un reflejo de cómo la persona inicia sus actos y los finaliza.

Dentro del estudio de los trazos iniciales y los finales, se tiene en cuenta si parten de la zona alta de la escritura, de la zona media o central o, por último, de la zona baja. Una vez analizado este dato se observará con qué tipo de trazo o movimiento se inicia o finaliza: guirnalda, arpón, maza, etc.

El análisis grafológico da una gran importancia a estos datos, pues proporcionan una información muy valiosa y complementaria.

Se tendrá muy en cuenta la frecuencia con que se repite un determinado inicio o final y se valorará si es una característica fija o, por el contrario, si es algo anecdótico.

El trazo inicial

Los trazos iniciales de las letras o de las palabras representan la forma que tiene el sujeto de iniciar una determinada acción. Denota su funcionamiento interno, si su idiosincrasia le lleva a iniciar todo nuevo acto bajo un dominio de sus instintos, emociones o razón. El trazo inicial, asimismo, es reflejo del peso que tiene su experiencia pasada.

Seguidamente se detallan diferentes tipos de trazos iniciales junto con su significado.

Trazo inicial que nace en la zona superior

La persona se apoya en su intelecto, pensamiento e ideales. Sólo puede abordar la acción desde este enfoque. No le gusta dejarse llevar por sus emociones ni instintos.

Figura 1: Ejemplo de trazo inicial en la zona superior.

Trazo inicial que nace en la zona media

La persona se rige por sus emociones y sentimientos. Busca más que la lógica, su equilibrio emocional.

Figura 2: Ejemplo de trazo inicial en la zona media.

Trazo inicial que nace en la zona inferior

Son personas cuyas acciones se inician y apoyan en sus instintos. Desde su punto de vista, toda acción debe tener un resultado material y práctico, y con ese pensamiento se mueven.

Figura 3: Ejemplo de trazo inicial en la zona inferior.

Trazo inicial que empieza en punto

Denota reflexión, prudencia e inhibición.

Figura 4: Ejemplo de trazo inicial en punto.

Trazo inicial en diagonal

Refleja rigidez, lucha. No escucha, va con sus ideas fijas.

Figura 5: Ejemplo de trazo inicial en diagonal.

Trazo inicial curvo

Refleja ilusión, jovialidad. Agrado delante de lo que tiene que realizar.

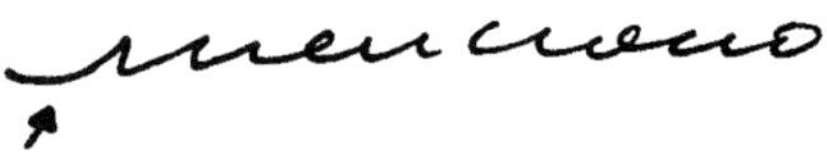

Figura 6: Ejemplo de trazo inicial curvo.

Trazo inicial en arpón

Denota un aferramiento a sus ideas. Muestra también una actitud brusca, ruda y defensiva delante de cualquier contradicción.

Figura 7: Ejemplo de trazo inicial en arpón.

Trazo inicial en vertical

Este inicio se denomina también de ataque directo. Antepone de forma clara el pensamiento a la acción. Denota una personalidad concisa y directa. Es característico de personas que actúan sin rodeos, buscan lo esencial y obvian lo accesorio.

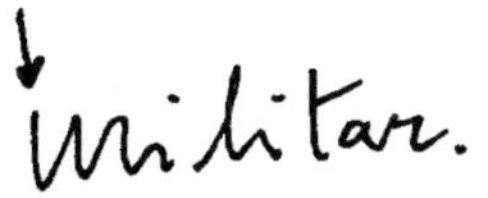

Figura 8: Ejemplo de trazo inicial vertical.

Trazo inicial en espiral

Refleja una actuación narcisista. La persona que emplea este tipo de trazo inicial pasa a la acción sin descuidar en ningún momento la imagen que da. Su pensamiento está centrado en sí mismo más que en los demás.

Figura 9: Ejemplo de trazo inicial en espiral.

Trazo inicial en bucle

Las personas que utilizan este tipo de trazo inicial tienen una habilidad especial para relacionarse con los demás. Pasan a la acción con destreza, se mueven como «pez en el agua» delante de las otras personas.

Figura 10: Ejemplo de trazo inicial en bucle.

Trazo inicial en horizontal

Denota frialdad, impaciencia, miedo a detenerse en detalles y sufrir cualquier contratiempo, lo que le hundiría emocionalmente.

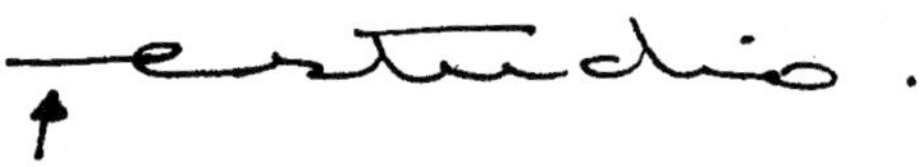

Figura 11: Ejemplo de trazo inicial horizontal.

El trazo final

Todo final de letra o de palabra manifiesta la forma que tiene el individuo de finalizar una acción. También habla de su ilusión, planes de futuro, de cómo se mueve en la sociedad que le rodea, etc. Cuanto más se alarga hacia la derecha el trazo final más interés de contacto con los demás denota.

Trazo final corto

Denota una personalidad moderada. Escoge sus contactos y no es dado a relacionarse fácilmente.

Figura 12: Ejemplo de trazo final corto.

Trazo final en curva o guirnalda

El individuo muestra una gran extraversión. Disfruta en el trato con los demás, es hospitalario.

Figura 13: Ejemplo de trazo final en guirnalda.

Trazo final acerado

Su forma de relacionarse puede ser irónica, hiriente e incisiva. Denota también sentido de la observación y saber leer entre líneas.

Figura 14: Ejemplo de trazo final acerado.

Trazo final grueso o en maza

Esta característica denota una persona cuya forma de relacionarse con los demás es apasionada tanto positiva como negativamente. Sus vivencias con lo exterior son de gran intensidad, pues se entrega al máximo.

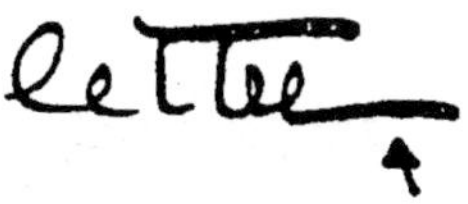

Figura 15: Ejemplo de trazo final grueso.

Trazo final en gancho

Estos finales reflejan un individuo cuya relación con los demás puede resultar conflictiva. Existe resentimiento, desconfianza. Está a la defensiva.

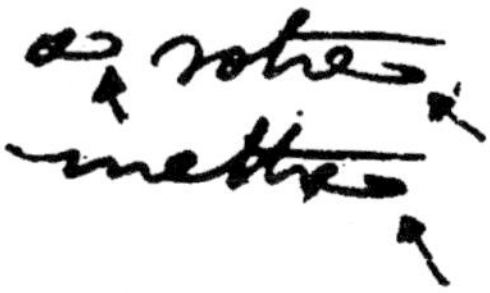

Figura 16: Ejemplo de trazo final en gancho.

Trazo final hacia abajo y atrás

Este trazo final es reflejo de una protección hacia los demás, temor, falta de generosidad, inseguridad.

Figura 17: Ejemplo de trazo final hacia abajo y atrás.

Trazo final hacia arriba y atrás

Al igual que el trazo final hacia abajo y atrás, este final refleja una personalidad que no quiere el contacto, pero en este caso con cierta altanería y prepotencia. En los dos casos anteriores, es decir, tanto el final hacia arriba y atrás, como hacia abajo y atrás, la persona vuelve siempre su pensamiento hacia el pasado, hacia sus vivencias anteriores, el individuo no ha integrado todo lo anteriormente vivido y esto le impide proyectar su vivencia e ilusión totalmente hacia el futuro.

Figura 18: Ejemplo de trazo final hacia arriba y atrás.

Trazo final prolongado hacia abajo

Si la prolongación hacia abajo es fuerte y firme, denota una persona interesada en conseguir lo que se propone, necesita ver los resultados de forma palpable.

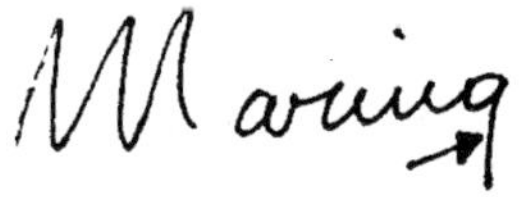

Figura 19: Ejemplo de trazo final hacia abajo firme.

En caso de que el trazo final hacia abajo sea sin firmeza, refleja agotamiento físico y psíquico, apatía, desilusión, falta de fuerzas para seguir luchando.

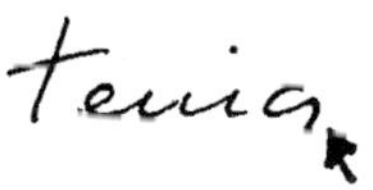

Figura 20: Ejemplo de trazo final hacia abajo sin firmeza.

capítulo 14

el óvalo: sus diferentes formas y la abreacción

Alfabeto rúnico.

El óvalo en la escritura se encuentra en las letras *a, o, g, d* y *q*. Psicológicamente hablando, el óvalo de las letras representa el yo íntimo de la persona. Si se observa la primera escritura de un niño, se aprecia que la forma de los óvalos suele ser cuadrada. A medida que crece y evoluciona irá redondeando el óvalo. Conforme la persona crece y se desarrolla el óvalo adquirirá una forma más evolucionada.

Las diferentes formas de los óvalos

Óvalo cuadrado

El óvalo cuadrado se asocia a una personalidad exhibicionista y excéntrica. Denota inmadurez así como una necesidad de hacer cosas extrañas para llamar la atención de los demás.

Figura 1: Ejemplo de óvalo cuadrado.

Óvalo redondo

El óvalo redondo es asociado al óvalo escolar caligráfico. La presencia de este óvalo en la escritura muestra una personalidad infantil e inmadura.

Figura 2: Ejemplo de óvalo redondo.

Óvalo oval

Este tipo de óvalo es reflejo de una personalidad que ha alcanzado cierta madurez. Son propensos a razonar los sentimientos. Son individuos que saben escuchar. Poseen voluntad de hacer las cosas lo más perfectamente posible.

Figura 3: Ejemplo de óvalo oval.

Óvalo triangular

Este tipo de óvalo es considerado una deformación. Refleja un exceso de racionalidad e introversión. También manifiesta orgullo desmesurado e inflexibilidad ante los sentimientos.

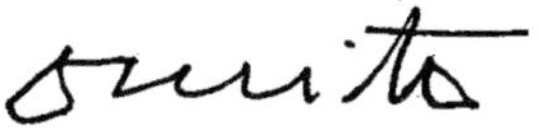

Figura 4: Ejemplo de óvalo triangular.

Óvalo con ángulo en la parte superior

Es reflejo de introversión, razonamiento de las emociones. En ocasiones manifiesta sentimiento de culpabilidad.

Figura 5: Ejemplo de óvalo con ángulo superior.

Óvalo con ángulo en la parte inferior

Este óvalo muestra una gran agresividad contenida, así como susceptibilidad.

Figura 6: Ejemplo de óvalo con ángulo inferior.

Óvalo aplastado vertical y horizontalmente

Denota una personalidad oprimida, muestra tensiones, lucha consigo mismo, no puede, no sabe, se deja influir, disputa consigo mismo para salir de la situación.

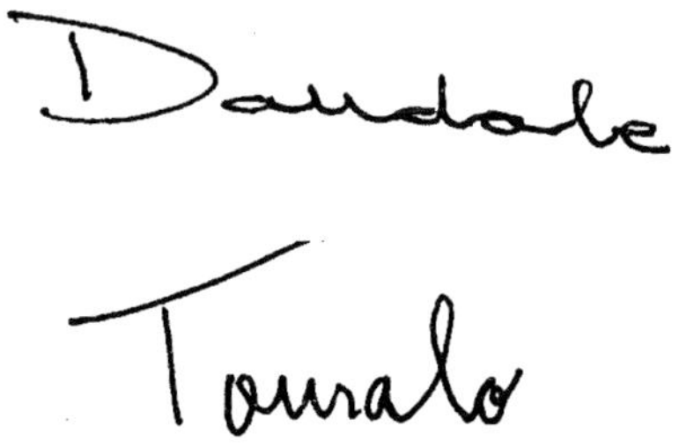

Figura 7: Ejemplo de óvalo aplastado horizontal y verticalmente.

Óvalos cerrados con bucles

Este tipo de óvalos refleja una personalidad diplomática, así como una fácil relación con los demás.

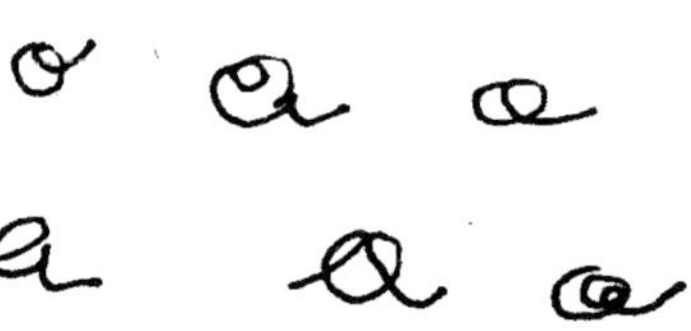

Figura 8: Ejemplo de óvalos cerrados con bucles.

Estudio de la abreacción

Por *abreacción* se entiende las diferentes formas de descargar las tensiones emotivas internas así como los diferentes estados de ánimo. Grafológicamente se tratará la *abreacción* enfocada en la forma de trazar los óvalos de las letras, así como las aberturas que pueden mostrar.

Toda abertura en un óvalo siempre es una puerta de salida de los sentimientos y, por lo tanto, una salida del yo íntimo. Los óvalos cerrados denotan recogimiento, concentración de lo afectivo en uno mismo.

Para valorar la *abreacción* o abertura del óvalo se tendrá en cuenta el simbolismo del espacio, dando así el significado correcto a toda abertura del óvalo según la zona en que se encuentre.

Óvalo abierto por la zona superior

Este tipo de óvalo se da en la escritura de individuos que tienen una necesidad imperiosa de expresar todo aquello que piensan y sienten. Son personas que difícilmente serán capaces de guardar un secreto. Suelen ser personas no conformistas, bastante idealistas.

Figura 9: Ejemplo de óvalo abierto por la zona superior.

Óvalo abierto por la zona derecha

El óvalo con abertura hacia la derecha manifiesta una personalidad dada a la comunicación con los demás.

Figura 10: Ejemplo de óvalo abierto por la derecha.

Es característico de personas que no muestran ningún inconveniente a la hora de expresar sus emociones y sentimientos. En ocasiones pueden reflejar una gran comunicación con los demás, sin embargo, con los íntimos no existe comunicación.

Óvalo abierto por la izquierda

Este óvalo refleja un individuo muy comunicativo con sus íntimos y con la familia. Sin embargo, con los extraños difícilmente se mostrará tal como es.

Figura 11: Ejemplo de óvalo abierto por la izquierda.

Óvalo abierto por la parte inferior

El óvalo con estas características se asocia a una persona cuya actuación no es sincera ni clara. Refleja hipocresía y ocultación. Son individuos cuya actuación puede estar llena de mentiras y engaños.

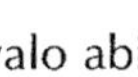

Figura 12: Ejemplo de óvalo abierto por la parte inferior.

capítulo 15

las letras reflejas

Inscripción árabe meridional.

Todas las letras que componen el abecedario, son en su diseño y evolución un reflejo simbólico de la personalidad de quien las ejecuta. Sin embargo, algunas de estas letras deben ser especialmente valoradas y observadas con más detenimiento por el grafólogo. En el diseño de estas letras, el trazo que las forma se mueve por el espacio simbólico del papel abarcando con sus movimientos diversos estados del ser humano. Estas letras son denominadas reflejas. Las letras reflejas descubren la orientación que siguen las tendencias compensadoras o bien señalan en qué plano se producen las mermas de la autoestima, etc.

En el presente capítulo se aborda una muestra de las diferentes formas de diseñar las letras reflejas. Hay que recordar que para deducir su significado psicológico se ha utilizado el simbolismo del espacio junto con el significado del trazo en curva y recta, así como todos sus derivados.

Este capítulo está pensado como una ayuda a la hora de realizar el análisis grafológico. Pero no suple en absoluto la utilización de los diferentes aspectos estudiados anteriormente; orden, dirección, inclinación, tamaño, forma, presión, cohesión y velocidad.

A continuación se detallan las letras más reveladoras junto con su significado orientativo.

A

La letra *a* ya ha sido tratada en el capítulo dedicado al óvalo, sin embargo, ampliaremos sus características con algún ejemplo más.

La *a* caligráfica marca disciplina y obediencia, necesidad de pautas que le guíen.

La persona acusa un problema que se debate en su mente.

El problema le domina, está hecha un lío.

Muestra una clara preferencia por la familia y los suyos.

Está abierta a los demás, busca la comunicación y el intercambio.

Le motivan la ilusión, los sueños, la utopía; le atrae el pensamiento mágico.

Sus intereses se guían por lo material, lo instintivo, el placer, lo sensual, etc. Busca obtener cosas palpables.

Se comunica con los demás pero sin mostrarse del todo, guarda parte de sí.

En su comunicación con las personas íntimas, se mantiene reservado en algunos aspectos.

Denota malestar físico en la zona inferior del cuerpo, se da asiduamente en mujeres que se encuentran en pleno ciclo menstrual.

Esta forma es característica en personas cuya intuición está muy desarrollada.

Se da en personas de una cierta edad, cuyos gustos son clásicos.

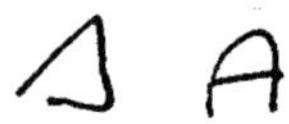

Denota modernidad y gusto por la sencillez.

B

Refleja modernidad y gusto por el diseño así como independencia.

Muestra una persona hábil y de buen trato. Denota inteligencia.

La persona tiende a proteger a los demás. Refleja un pensamiento puesto enteramente en el futuro.

El individuo tiene el pensamiento puesto en el pasado. Es también señal de protección hacia los suyos.

Denota indigencia, dejadez, agotamiento.

Marca un individuo de edad y con gustos clásicos.

Esta letra muestra una persona con sentido artístico.

Modernidad, sencillez y capacidad de síntesis.

D

Esta forma refleja una persona con simpatía y flexibilidad.

La persona vive con su pensamiento puesto en el pasado.

Pensamientos de futuro, también denota necesidad de independencia.

Muestra habilidad, inteligencia, reflexión.

Refleja una persona que empuja a los otros a la acción en busca de resultados.

Pone de manifiesto disconformidad en las ideas y los planteamientos.

Esta letra *d* mayúscula denota suavidad, delicadeza y sensibilidad.

Refleja modernismo, gusto por la estética actual.

Gran deseo de independencia, la persona se encuentra desplazada.

Denota capacidad de síntesis, así como gusto por la simplicidad.

F

La persona está dotada para toda clase de vibraciones sensoriales. Se procura toda clase de bienestar.

Denota cierto sadismo hacia sus íntimos.

Refleja descarga de agresividad hacia los demás.

Es una persona muy combativa y polemista.

Refleja gran habilidad manual. También se encuentra en personas con disconformidad sexual.

Denota un gran egoísmo.

Capacidad de síntesis y sencillez en los gustos.

G

La letra *g* es de las denominadas reflejas, por la gran información que aporta sobre todo en un aspecto del ser humano que es, si cabe, de los más importantes a la hora de analizar las motivaciones y funcionamiento internos del individuo. Refleja la libido así como su forma de desarrollo. Dada, pues, la importancia refleja de esta letra así como su amplitud a la hora de analizarla, se ha realizado en el capítulo 20 un análisis amplio y completo de esta interesantísima letra.

I

Imaginación viva.

Gusto por la estética, coqueteo, le gusta diferenciarse y ser centro de atención. Tendencia al pensamiento obsesivo.

Intenta sobresalir entre su familia y los suyos.

Intenta sobresalir en la sociedad.

Su preocupación está puesta en lo material.

Se encuentra muy abierto a ideas, novedades, misterios, etc.

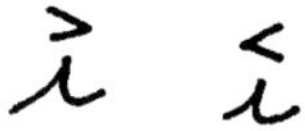

Nerviosismo, genio vivo y carácter.

Prisas, impaciencia y rapidez.

Mente puesta en el pasado, freno y lentitud.

La letra *i* sin punto refleja indiferencia hacia los detalles, despiste y dejadez. Es característica de personas que se dejan las cosas a medias.

Punto casi sin presión, lo que refleja dudas, miedo e inseguridad.

Refleja rapidez, síntesis, deducción rápida.

La *i* filiforme refleja impaciencia y cierta indiferencia en todo tema que no le interese.

Timidez, razonamiento.

Utopía, espiritualidad.

L

Denota equilibrio y autenticidad.

Se encuentran en la adolescencia. Problemas respiratorios.

Refleja independencia, capacidad de síntesis, intuición y soledad.

Denota afán de empujar a los otros a la acción.

Individuo con pensamientos rencorosos, conflictivo a nivel de ideas.

Fantasioso, imaginativo y soñador.

Personalidad reservada, fría, lógica.

Refleja abatimiento, cansancio físico y mental.

Gusto por discutir. Autocontrol de las ideas.

M

Denota una observación aguda.

Personalidad abierta a conocer, saber y recibir tanto información como nuevas relaciones. Receptividad.

Rapidez e inteligencia. Se guían por sus propias decisiones e impulsos, huyen de toda responsabilidad y disciplina impuesta del exterior.

Persona de una gran simpatía y facilidad para el contacto con otros.

Personalidad clásica. Dificultad para adaptarse a los tiempos modernos.

Orgullo y prepotencia.

Carácter recto y disciplinado.

La persona ha quedado anclada en su pasado.

El individuo comienza con sencillez, pero poco a poco va tomando fuerza y seguridad.

S

Sentido de la responsabilidad.

Prisas, deja las cosas a medias.

Muy buena memoria visual.

Denota amplitud de conciencia.

Personalidad de conciencia estrecha.

Conciencia egoísta.

Es reflejo de escrúpulo.

Conciencia exagerada del propio valer, así como de sus posibilidades.

T

Este signo coincide en muchas ocasiones con problemas digestivos.

Muestra habilidad e inteligencia para llevar a cabo sus pensamientos.

Refleja ideas utópicas y dificultad de sincronizarlas con la acción.

Muestra dudas y dificultad en llevar a cabo las acciones.

Impaciencia, quiere ir más rápido de lo que puede.

Infantilismo y timidez.

Habilidad para rehuir las responsabilidades.

Amaneramiento, coquetería.

Es reflejo de independencia.

Dejadez, pereza, impaciencia, espíritu de simplificación.

Agresividad y empuje.

Denota concentración y timidez.

Refleja obstinación y testadurez.

Es reflejo de dureza e impulsos de violencia.

Denota independencia y rapidez de réplica.

Es síntoma de falta de energía y empuje.

Signo de testadurez y crítica.

Refleja depresión. Es característico de personas con tendencias suicidas.

Persona de fácil trato y gran sociabilidad.

Refleja decisión y rapidez de consecución.

Gran sentido práctico, prisas.

Denota protección.

capítulo 16

la firma

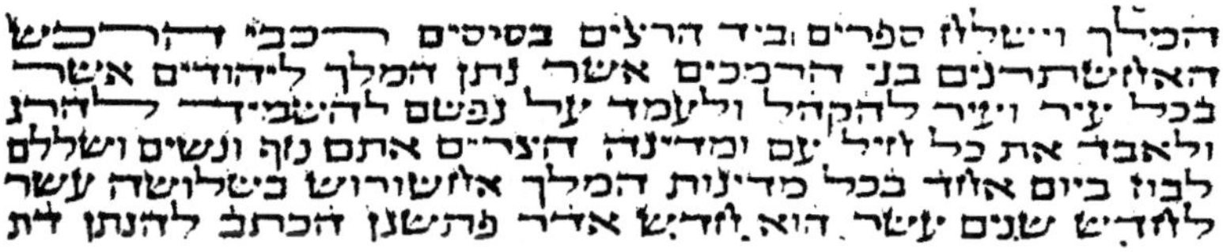

Lenguaje analítico de Wilkins.

La primera autoría de un texto, es decir, la primera persona de la historia a la que se le ha adjudicado haber rubricado un escrito, es Enkheduanna, hija de Sargón de Acad, sacerdotisa de Ur, que redactó y firmó una composición dedicada a la diosa Lanna en escritura cuneiforme.

La escritura manuscrita es una forma representativa de nuestro desarrollo en todos los aspectos de nuestra vida, tanto interna como externamente. Sin embargo, la firma junto con la rúbrica, tienen la peculiaridad de ser como una síntesis y definición de nosotros mismos, de nuestro auténtico ser, sin caretas. En la firma nos mostramos tal como somos. Este último caso se aprecia en algunas firmas que reúnen unas características muy diferentes del resto del texto escrito. Lo que pone de manifiesto que la persona, delante de los demás, de la sociedad que le rodea y con la que convive, actúa y da una imagen, ya sea por interés o por supervivencia, muy diferente de como el individuo realmente es en su interior. En este caso la persona vive representando un papel, el papel que se ha asignado o en ocasiones el que le exigen las circunstancias.

El caso contrario sería la persona cuya firma guarda las mismas pautas en sus características y peculiaridades que la formación de la escritura. Esta concordancia pone de manifiesto que la persona puede vivir y desarrollarse de una forma natural, desenvolviéndose en la vida según su ritmo interno, respetando su idiosincrasia.

El análisis de la concordancia entre la firma y el texto reviste una gran importancia, ya que la información que aporta ayuda a conocer realmente la esencia de la persona. Normalmente se presta una mayor importancia a la forma de la rúbrica, así como a su posición en el texto, al predominio de la línea curva o la recta, etc. Pero hay que tener en cuenta y recordar que el análisis de la firma y todas sus características se basará y será el mismo que el método utilizado en el del texto y, por tanto, se obtendrá, principalmente, una confirmación de los mismos rasgos y características que se hayan encontrado en el análisis del texto. Si la firma y el texto no coinciden en su formación y desarrollo, será sumamente interesante profundizar en la firma para conocer, el fondo de la persona.

Con todo lo anterior, no pretendo desvalorar la importancia del análisis de la firma, pero eso sí, querría hacer recapacitar sobre el valor que realmente se le tiene que dar.

Ciertamente será de gran utilidad el estudio de una firma cuando no se pueda conseguir más escritura de la persona que se quiere analizar. En este caso será de un valor inapreciable.

La firma y la rúbrica se podrían comparar con la carta de presentación de la persona. Es interesante observar cómo, desde la infancia, en el momento de tener conocimiento de la firma, a todo niño y niña les llega el día en el que deciden tener la suya propia, y comienzan a realizar pruebas y pruebas de diferentes rúbricas, intentando conseguir una firma que les represente. Normalmente intentarán imitar los rasgos del padre o bien de la madre, hasta el momento en que por propia madurez crean su propia firma.

La rúbrica reviste sin duda un interés especial. Si se tiene en cuenta que la rúbrica es el único movimiento absolutamente espontáneo de la escritura, dado que no está sujeto a ninguna clase de regla caligráfica. La rúbrica tiene una atracción especial para el grafólogo, pues su estudio reviste más dificultad, dado que obedece a una decisión individual y sus formas pueden variar hasta el infinito, lo cual hace imposible clasificarlas todas, como se hace con las demás formas de ejecución gráfica. Para facilitar y realizar el estudio de la firma y la rúbrica se utilizarán las mismas leyes que se utilizan en el resto del texto.

Se tendrán en cuenta las siguientes bases en el análisis de las firmas y las rúbricas.

- Todo trazo en ángulo en el desarrollo de la rúbrica revela decisión, independencia, dureza y carácter.
- Los trazos curvos, dulzura, adaptación, gracia, suavidad y buen trato.
- La claridad y mesura denotan veracidad, rectitud, equilibrio y sinceridad.
- La extravagancia y los enmarañados reflejarán confusión de ideas, mentira, falsedad e intriga.
- El temblor muestra indecisión, duda, enfermedad, torpeza.
- La firmeza refleja salud, voluntad y decisión.
- La maza o líneas gruesas son signo de voluntad enérgica y libido fuerte.

- Las líneas finas marcan debilidad, sensibilidad y temor.
- Los arpones, tenacidad y agresividad.
- Los puntos son signo de necesidad de recalcar y aclarar.
- Los trazos envolventes denotan protección y cautela.
- Escritura simplificada refleja rapidez de pensamiento y cultura.

Significado de la firma en relación con el texto

Firma escrita con las mismas características que el texto

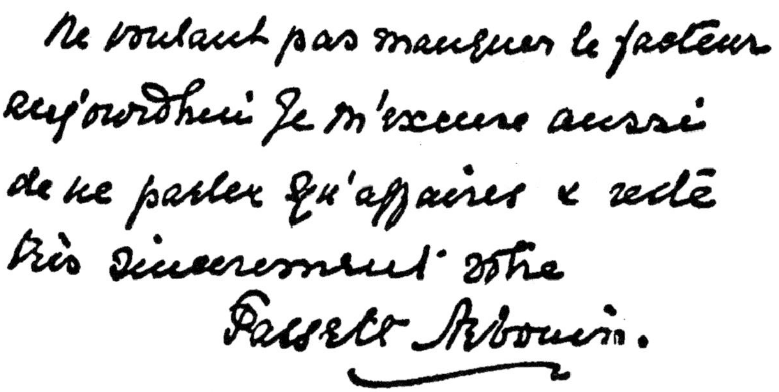
Ne voulant pas manquer le facteur aujourd'hui je m'excuse aussi de ne parler qu'affaires et reste très sincèrement votre

La persona se muestra tal como es, con sus características naturales sean éstas como sean. Actúa naturalmente, sin hipocresía. Denota armonía.

Firma de tamaño mayor que el texto

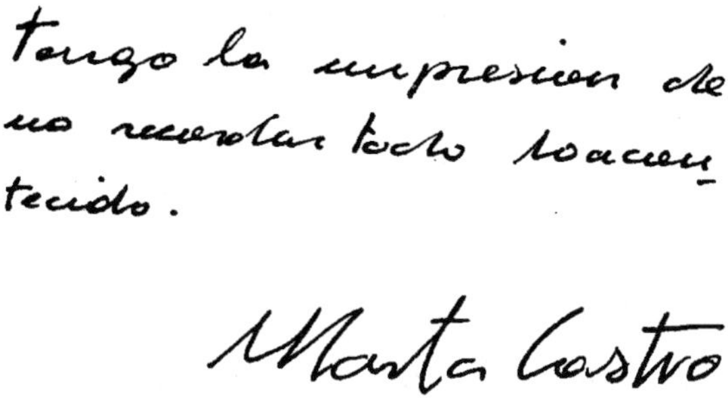

Muestra una persona presuntuosa y orgullosa, con un gran interés por dar una imagen muy superior a la que él siente de sí mismo. Normalmente es consecuencia de la compensación de un complejo de inferioridad.

Firma menor que el texto

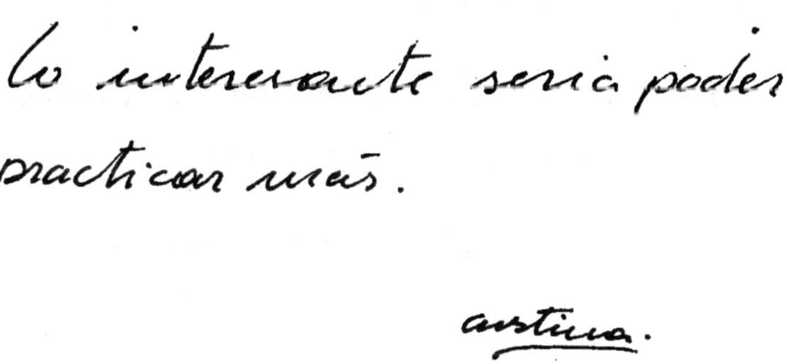

El sujeto no tiene ningún interés en hacerse notar, prefiere pasar desapercibido ya sea por timidez o por madurez propia, pues no tiene interés ni necesidad de demostrar nada a nadie.

Firma de menor presión que el texto

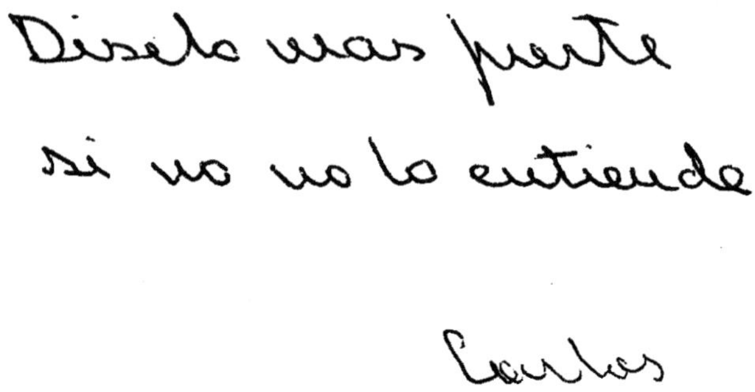

La persona en su relación con los demás tiene que esforzarse para estar a la altura, lo que le crea tensión y angustia. Una vez la persona está sola disminuye esta tensión y tiende a mostrarse exhausta.

Firma menos rápida que el texto

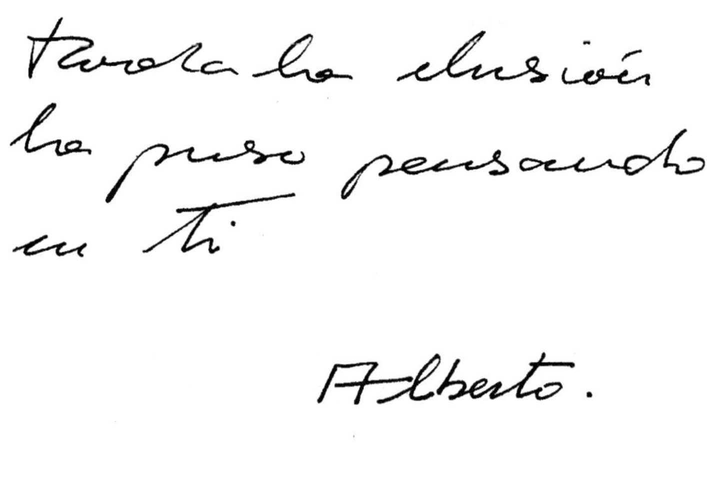

En sociedad, el individuo tiene que acelerar su ritmo interno; cuando, sin embargo, él en su naturaleza es pausado y controlador.

Firma de letras más desligadas que las del texto

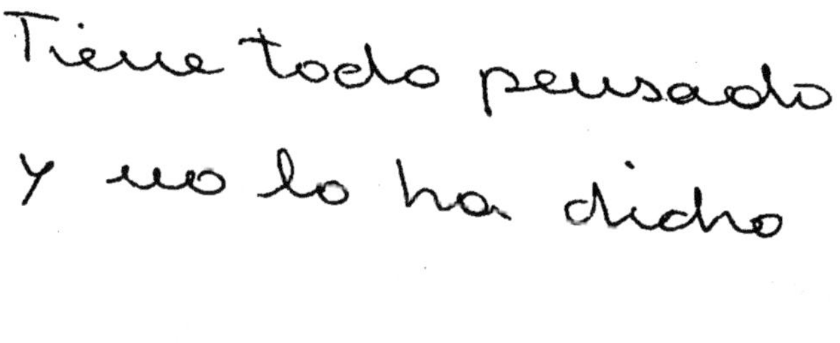

La persona en este caso muestra una necesidad de repliegue en sí misma, deseo de soledad.

Firma con más presión que el texto

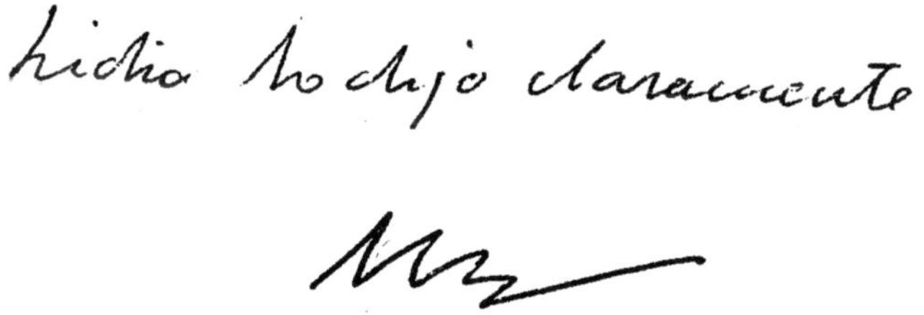

Denota que el sujeto se evade y no se entrega en su vida social, puede ser debido a que pone poco interés en lo que realiza. En ese momento se encuentra muy poco interesado y motivado por su vida actual. No existe armonía entre cómo es y cómo desarrolla su quehacer cotidiano.

Firma más rápida que el texto

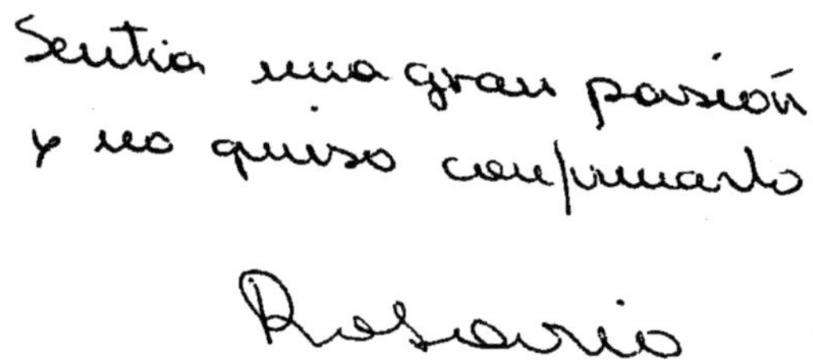

Refleja claramente que el autor de la firma es una persona mucho más segura de sí misma y más inteligente de lo que aparenta.

Escritura de la firma más ligada que la del texto

La persona se encuentra coartada e inquieta, así como angustiada en su ambiente social.

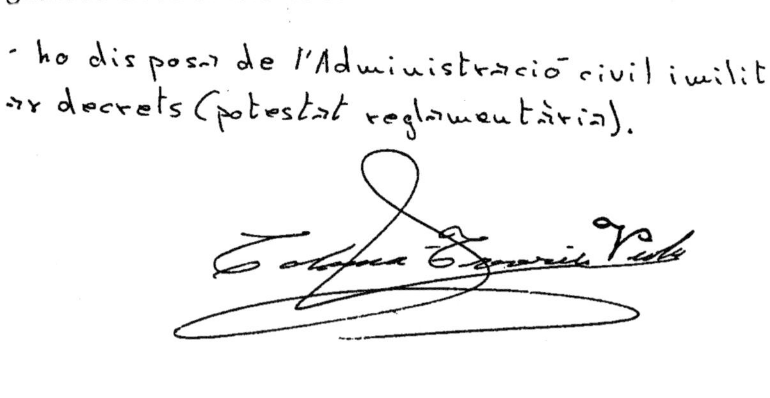

Firma de diferentes características que el texto

Refleja un estado de disociación muy acentuado, mostrando claramente una duplicidad de actitudes. (Véase la figura 9 del capítulo 16)

Texto descendente y firma ascendente

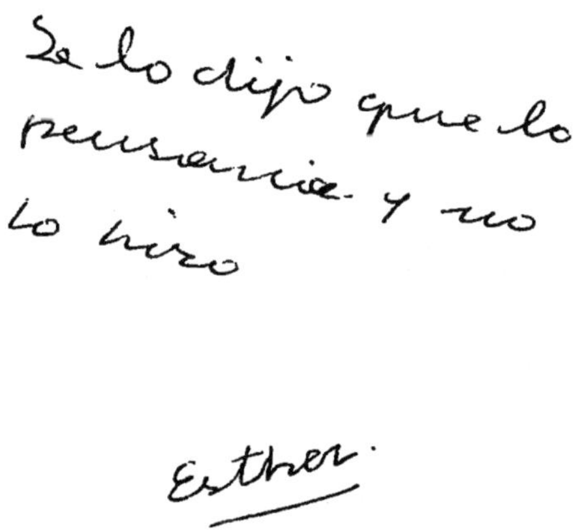

La persona no se encuentra a gusto socialmente y tiende a la desilusión. Sin embargo, cuando puede desarrollar sus gustos y aficiones muestra mucho ingenio, optimismo e ilusión.

Texto ascendente y firma descendente

Indica todo lo contrario que el caso anterior. La persona busca un desarrollo de su vida laboral y social como consecuencia generalmente de una huida de sí misma.

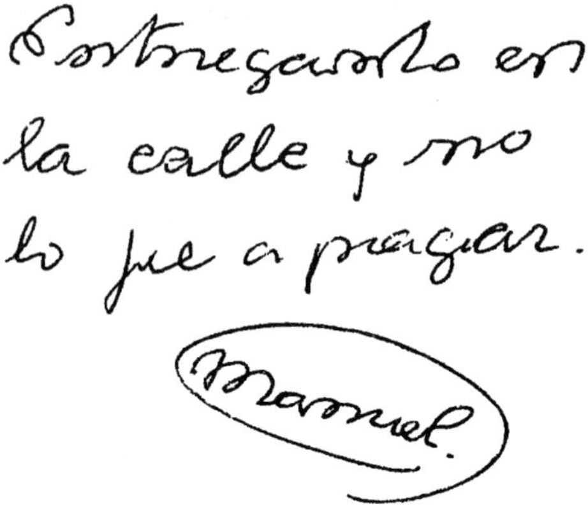

Texto ordenado y firma descuidada

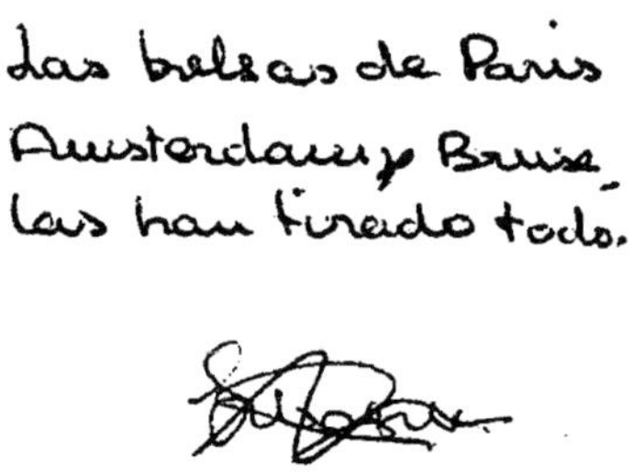

La persona vive volcada en su vida social y laboral, descuidándose a sí misma.

Texto descuidado y firma cuidada

El individuo no se encuentra integrado en la sociedad, no tiene el mínimo interés en adaptarse. Vive volcado en sus propias opiniones y gustos, no necesita en absoluto la aprobación y aceptación de los demás.

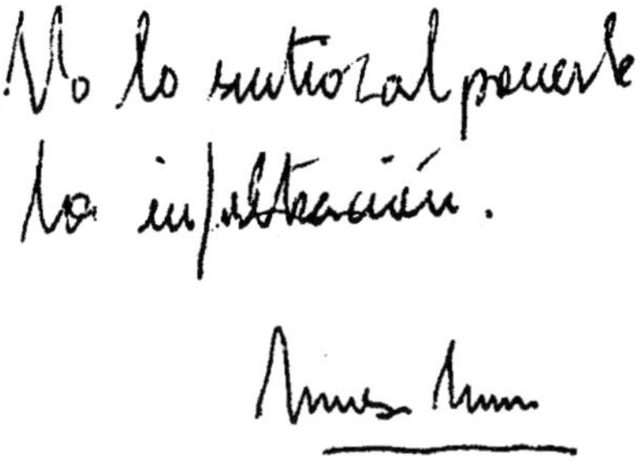

Texto con inclinación hacia la derecha y firma hacia la izquierda

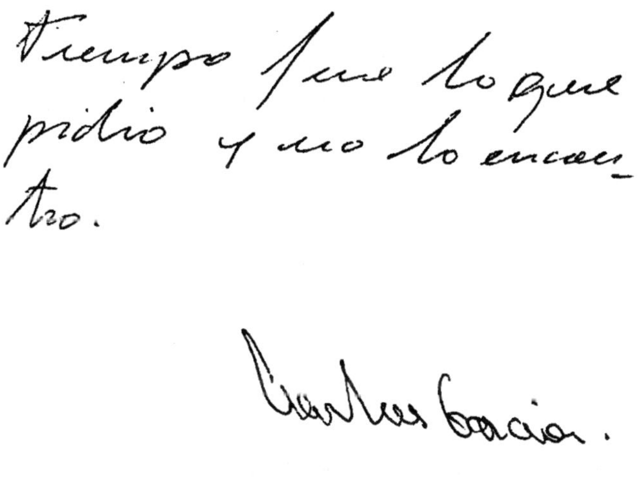

Denota una doble personalidad, muestra delante de los demás una afectuosidad y un interés que realmente no siente.

Texto con caracteres verticales y firma inclinada hacia la derecha

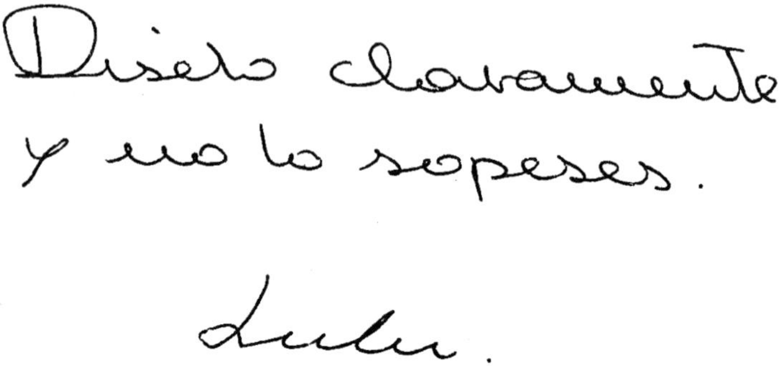

La persona delante de los demás se muestra más fría y objetiva de lo que en realidad es. Su firma muestra más afectividad y sensibilidad de lo que quiere demostrar.

Texto de caracteres inclinados y firma vertical

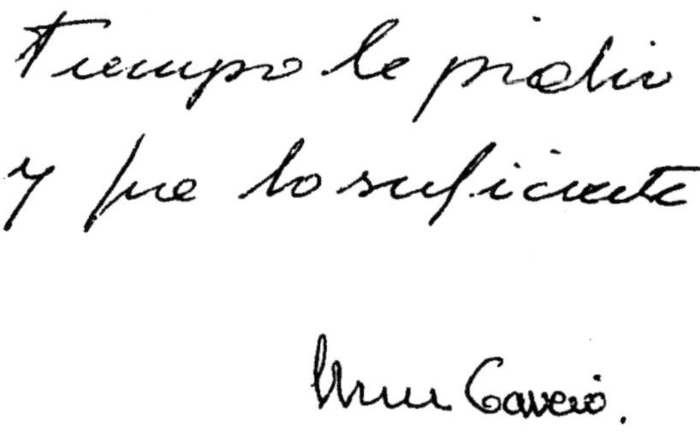

El individuo funciona muy cerebralmente y mantiene el control de sus emociones y sentimientos. Tanto en sus relaciones como en sus ideas, aun dentro de la precipitación, sabe mantener siempre su sangre fría y un claro control de la situación.

Ubicación de la firma en relación con el texto

Firma cercana al texto

Todo acercamiento de la firma hacia el texto denota interés de acercamiento entre la vida íntima y la vida social. Busca armonía y aproximación entre sus convicciones y las ideas que marcan el ambiente social en el que se desenvuelve.

Firma aproximada al texto en exceso

Refleja inseguridad y falta de opinión propia. Muestra una gran necesidad de apoyo y de aceptación. Son personas que se derrumban si se les saca del ambiente que les es familiar.

Firma distanciada del texto

El sujeto tiene muy claro lo que es su vida social y laboral, así como su vida personal e íntima. Muestra interés en crear distancias entre una faceta de su vida y la otra. No tiene ninguna dependencia social, dado que se siente seguro de sí mismo; muestra tener opinión propia y capacidad de resolución.

Firma colocada en la parte derecha del texto

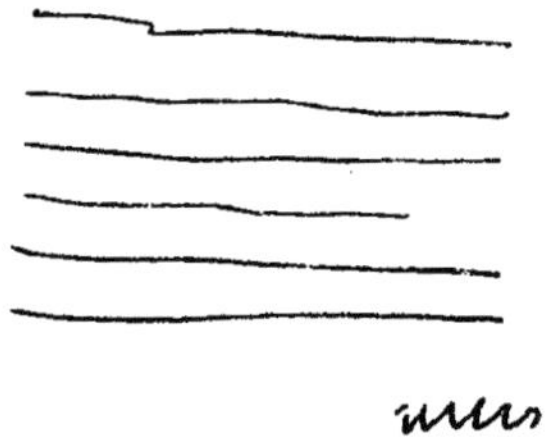

La persona se muestra abierta a relacionarse, su pensamiento y su acción están enfocados hacia el futuro y la realización. Muestra interés e ilusión por conseguir los nuevos objetivos que se ha marcado.

Firma colocada en la parte izquierda del texto

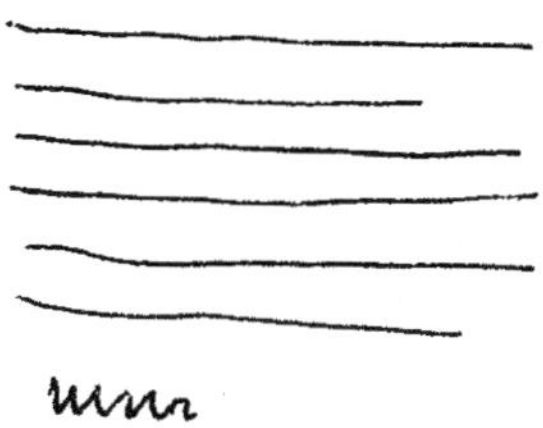

La firma en la parte izquierda del texto refleja claramente que la persona se encuentra en un estado de introversión y de recapacitación. Está en un momento de su vida en el cual necesita pasividad exterior, pues está recordando hechos pasados e intenta desbloquearse.. Marca necesidad de intimidad y vive bastante al margen de la sociedad.

Firma colocada en la parte central del texto

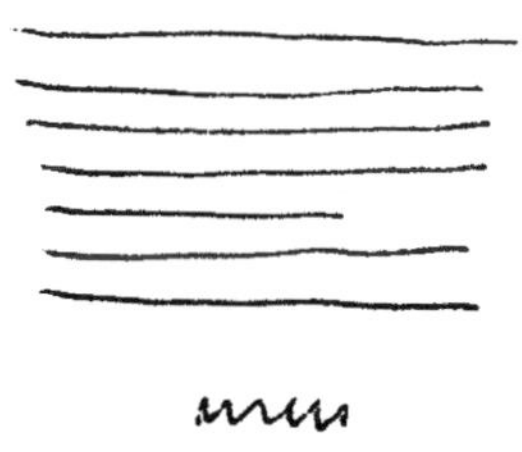

El sujeto sabe moverse entre los dos mundos, el social y el íntimo y personal. No es una persona extremista, sabe poner cada aspecto de su vida en su justo sitio. Suelen ser personas muy seguras de sí mismas.

Diferentes tipos de firmas y rúbricas

Firma ascendente

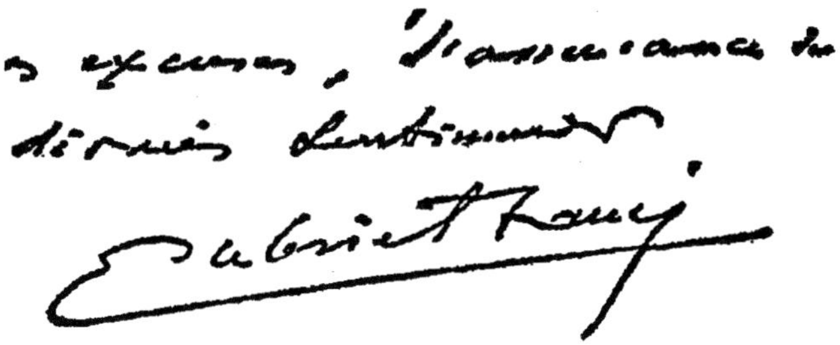

Ambición, ilusión, capacidad de reacción, persona luchadora.

Firma descendente

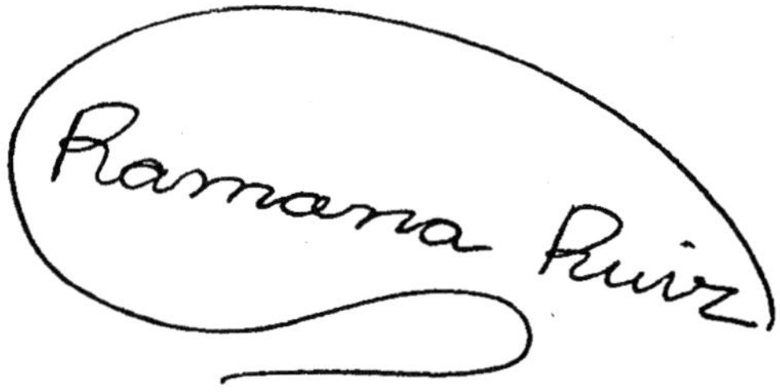

Denota pesimismo, cansancio físico o mental, tristeza, decaimiento, desilusión.

Firma ilegible y filiforme

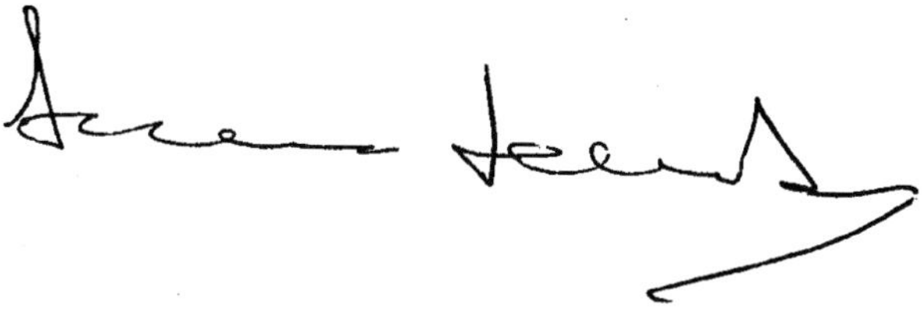

Refleja prisas, impaciencia, poco valor por el detalle, indiferencia. Deseo de mantener una incógnita a su alrededor, disimulo, deseo de reserva, no se quiere mostrar tal como es.

Nombre legible y apellido ilegible

La persona se vuelca con preferencia en su vida familiar, pues se siente más segura en ese ámbito. También puede reflejar un conflicto con el padre.

Nombre ilegible y apellido legible

Denota orgullo de familia. La persona está volcada en su vida social y laboral, no le gusta mostrar su interior personal más que a los íntimos.

Iniciales desproporcionadas

Claro deseo de llamar la atención sobre su persona. Denota también una imaginación desbordada. Si es de trazo curvo, reflejará buen carácter y trato agradable. Si se trata de un trazado de líneas rectas, reflejará dureza de carácter, exigencias, impaciencia y muy poca adaptabilidad a las diferentes situaciones.

Firma cubierta por un trazo horizontal

La persona tiene totalmente bloqueados su pensamiento y su imaginación, siente un freno a la hora de desarrollar sus propias ideas.

Firma rodeada de una rúbrica envolvente

Puede denotar cierto egoísmo. En otras ocasiones señala miedo a mostrarse tal como es y a ser dañado o perjudicado de alguna forma, de ahí el envolverse y de esta forma intentar protegerse del exterior.

Rúbrica en forma de lazo

En un nivel genérico denota diplomacia, habilidad para conseguir los fines que uno se propone. Denota también una gran habilidad manual.

Rúbrica en forma de zig-zag anguloso

Señala una persona luchadora, combativa, que no se amilana delante de cualquier problema. Contestación rápida, denota una gran viveza y espontaneidad.

Firmas ondulantes en su renglón de cauce

Denota inestabilidad emocional.

Rúbrica en forma de cruz

Persona realizadora en trazos limpios. Incluso teniendo cierta dureza e impulsividad, sabe si es necesario cambiar de orientación con respecto a ideas, conceptos o decisiones tomadas con anterioridad.

Firma subrayada por un trazo recto

La persona, en su firma, refleja interés por valorarse más, por dar una imagen más elevada de sí misma. La línea recta en la parte baja es también reflejo de un autocontrol en su vida, muestra una necesidad de tener siempre un camino, un cauce prefijado para desarrollar su vida.

Firma barrada

El sujeto tacha su nombre, lo cual pone de manifiesto su poca apreciación de sí mismo. No se acepta tal como es, no se gusta. Cuando tiene una idea propia tiende a desestimarla por dudar de su propia valía. En grafoterapia, el primer consejo que se le daría a una persona con esta característica, sería, antes que nada, dejar de tachar su propio nombre.

Firma sin ningún tipo de rúbrica

Se encuentra corrientemente entre personas que tienen opinión propia y a las que no les es necesario tener ningún marco de presentación. Refleja seguridad, autenticidad. Las personas que firman de este modo se muestran tal como son sin necesidad de aparentar nada ni compensar nada. Se exponen sin ningún pudor.

Firma entre dos líneas paralelas

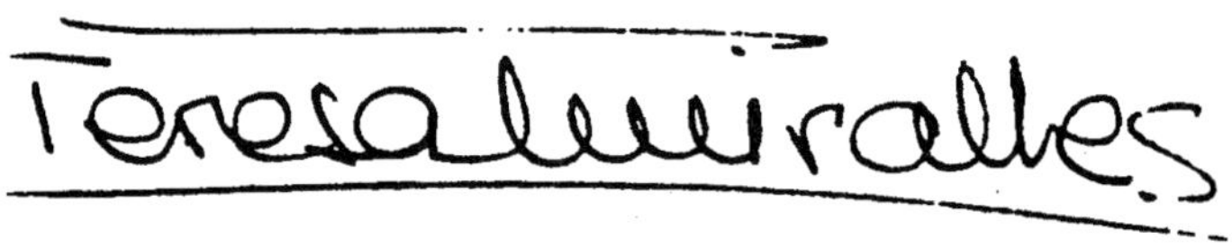

La persona traza su vida marcándose un camino determinado, tiene una clara necesidad de tener todos los aspectos de su vida bajo control. No le gustan las improvisaciones ni los cambios repentinos.

Colocación de un punto al final del escrito

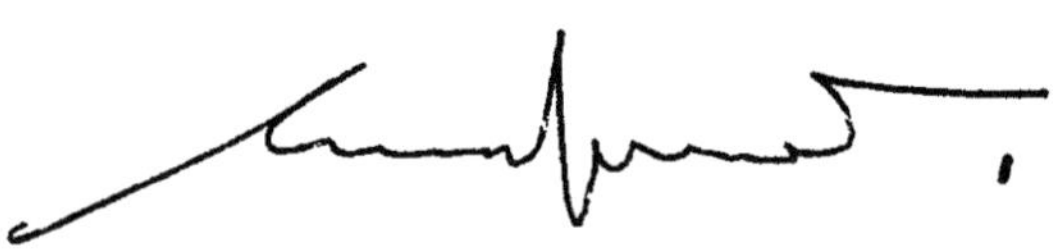

Denota una personalidad meticulosa y detallista. Es una forma de reafirmación.

Rúbrica envolvente y abierta por el lado derecho

La persona se protege, está solamente abierta a los demás y a la vida social, protegiéndose del pasado y de la familia.

Rúbrica envolvente y abierta hacia el lado izquierdo

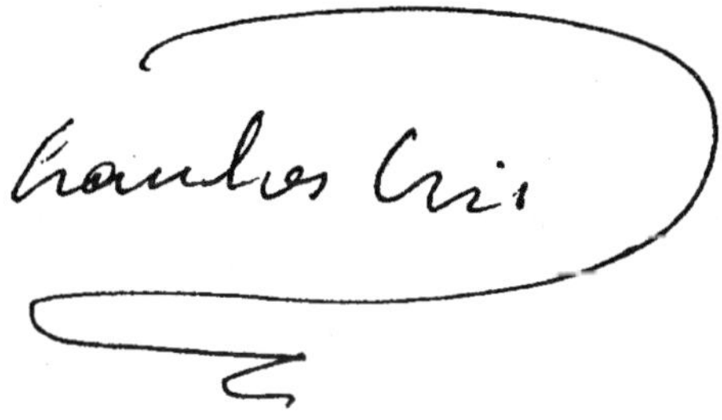

Tendrá confianza hacia la familia pero será reservado en su trato hacia los demás.

Firma con predominancia de pinchos y ganchos

Personalidad agresiva y rencorosa.

Rúbrica ubicada por encima del texto

La persona vive volcada en el mundo espiritual.

Firma que va aumentando en altura

Corresponde a sujetos que de momento se conforman con poca cosa, pero la ambición que les caracteriza se desborda en el segundo estadio.

capítulo 17

la práctica del análisis grafológico

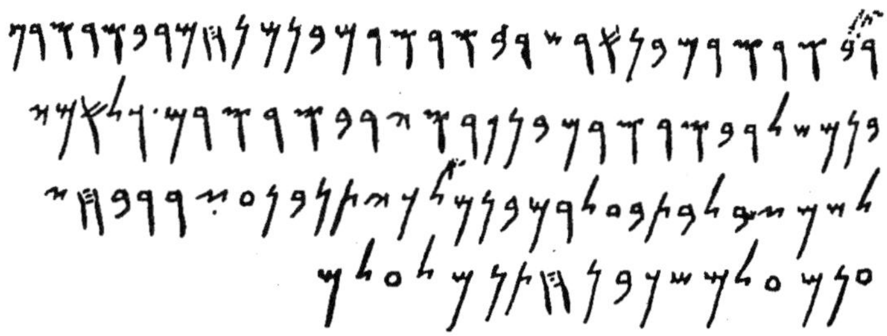

Inscripción fenicia procedente de Chipre.

Este capítulo pretende enseñar la mejor forma de organizar, valorar y sintetizar de forma práctica toda la información aportada a lo largo de los capítulos anteriores.

Antes de aportar las pautas para realizar un análisis grafológico sería muy interesante tener en cuenta los siguientes puntos:

- La persona equilibrada se adapta al medio por comprensión y normalmente no cae en excesos de ningún tipo. Cuanto menos equilibrio interior existe, peor es la reacción frente a los choques que provienen del exterior. El equilibrio en los niveles gráficos refleja equilibrio de la persona en todos sus aspectos, físicos, intelectuales y afectivos o emocionales.

- Cualquier desarrollo excesivo o deficiente en los distintos aspectos gráficos es síntoma de una inadaptación o desequilibrio, que repercutirá sobre el aspecto que corresponda de su personalidad.
- En la gran mayoría de las escrituras se aprecia desequilibrio, es casi imposible encontrar el equilibrio perfecto. Se podría manifestar que la perfección es en sí una imperfección.

  En el grafismo se reflejará ese desequilibrio y nos servirá de orientación para deducir en qué plano de la personalidad se encuentra la desarmonía.
- Otro aspecto muy importante y para mí crucial, es tener muy claro que el grafólogo tiene que analizar la escritura sin enjuiciamientos ni crítica. No hay que confundir el hecho de detallar las características e idiosincrasia de una persona, con hacer un juicio de valores que involucre nuestra opinión particular, ética, moral, etc. Ya se sabe que es casi imposible no plasmar de forma inconsciente nuestra experiencia propia, así como nuestras propias sensibilidades en la valoración de una escritura.

  El buen grafólogo tiene que intentar dar un valor equilibrado y equitativo a todos los aspectos de la escritura y mantenerse imparcial. A veces no puede conseguir y se aprecia, en algunos análisis, que el grafólogo llevado por sus propias obsesiones y desequilibrios, se centra de forma un tanto insistente y desproporcionada en aspectos como sexo, egoísmo y otros puntos, dándoles una importancia excesiva y lo que es peor, haciendo la observación con cierto enjuiciamiento. Así vemos que cuando el grafólogo informa, en ocasiones, muy sutilmente y de forma inconsciente hace un juicio de valor.

- Otra cuestión importante para el grafólogo a la hora de realizar el informe final o síntesis del análisis consiste en intentar explicar las características y peculiaridades de la persona sin ocultar nada. En mi opinión, es fundamental desarrollando desde un punto de vista constructivo.

  Existe una premisa que reflejaría de forma clara lo anteriormente dicho: «No existen virtudes y defectos, pues todo defecto es una virtud poco desarrollada».
- La persona que se inicia en el estudio de la grafología debe tener en cuenta que, en un principio, sus análisis darán como resultado únicamente un boceto o estudio rápido y general de la persona en cuestión. Con el tiempo y la práctica acumulará experiencia y ampliará la información que aporten sus análisis, hasta alcanzar un retrato o estudio grafo-psicológico profundo, el cual constará de varias páginas.

  Pero exige de parte de la persona que lo realiza una ciencia y una experiencia profesional que solamente se pueden adquirir después de varios años de práctica. Es preferible un estudio conciso pero preciso. Un buen consejo sería aprender a decir en pocas palabras lo que podría exponerse en varias líneas.
- El elemento básico e imprescindible para poder realizar un análisis grafológico es, sin duda, el poseer la escritura manuscrita de la persona sobre la que se quiere realizar un estudio. Lo mejor sería tener diferentes escrituras de la persona en cuestión, si pudiese ser de diferentes fechas, mejor, ya que esto nos aportaría más fiabilidad a la hora de valorar la escritura. Mediante los diferentes escritos se podrían valorar muchos más matices, dado que un mismo individuo, dependiendo de las circunstancias que le rodean, muestra diferentes estados emocionales, físicos, ambientales, etc.

- En otras ocasiones el grafólogo sólo podrá disponer de unas líneas o de una firma. En este caso es lógico pensar que los datos que se obtienen de la persona nunca tendrán la riqueza y amplitud de información que nos puede dar un estudio grafológico realizado con más material de escritura.
- La persona es mutable y pueden ser varios los factores que influyen y modifican de continuo las circunstancias ambientales, por lo que la escritura cambia. Existen alteraciones que resultan ocasionales, mientras que otras prevalecen fijas, ya que son un reflejo claro de un rasgo caracterológico de la personalidad.
- Es importante establecer un promedio de rasgos para determinar cuáles son las características. Ninguna característica, rasgo o signo debe valorarse aisladamente, sino que siempre debe confrontarse con el resto del escrito para obtener conformidad y, por lo tanto, seguridad al definirlo.

Después de tener en cuenta lo anteriormente reseñado, se detallan a continuación los diferentes pasos a seguir en la realización del análisis grafológico:

1. Visión de conjunto

Efectuar una visión de conjunto de la escritura es el primer paso. Antes de entrar de lleno en su análisis es aconsejable observar todo el escrito, realizar una vista panorámica de toda la escritura, lo cual se podría comparar con la primera impresión que recibimos cuando conocemos a una persona nueva. Esta primera impresión nos ayudará a la hora de realizar el análisis detallado de los diferentes aspectos y subaspectos de la escritura para obtener así una síntesis de la persona.

En la visión de conjunto de la escritura abarcaremos los siguientes puntos:

Simbolismo del espacio

En esta visión panorámica es muy importante observar el tamaño de las diferentes zonas de las que consta la escritura. Recordemos que son: zona superior o hampa, media o cauce central e inferior o jambas. La zona de mayor tamaño expresa en qué aspecto se desarrolla más el individuo, se siente más seguro, recibe más satisfacciones y dónde se localizan sus mejores aptitudes. Por el contrario, la parte más insatisfecha y reprimida, de aptitudes más pobres y quizás nido de sus complejos, se ubicará en la zona menor.

Recordemos que utilizando el simbolismo del espacio, ubicaremos en la zona central o cauce de la escritura el reflejo del yo afectivo, los sentimientos y las emociones. El tamaño también informa, pues, si es grande manifestará extraversión; y si es pequeño, introversión.

En la zona superior o hampa se ubica la actividad mental: inteligencia, imaginación, deseos de dominio y poder. El hampa alta indicará, por lo tanto, deseos de poder. Y por último, recordemos que la zona inferior o baja de la escritura muestra el aspecto material, instintivo y sexual.

Armonía e inarmonía

El siguiente punto, que se incluirá en la visión de conjunto, será valorar si en el texto existe armonía o inarmonía. En una escritura armónica se apreciará orden, claridad, proporción en sus partes y letras, así como si ha sido trazada con naturalidad y soltura.

La inarmonía en el texto se distinguirá al apreciar desorden, suciedad, desproporción entre partes, líneas y elementos de una misma letra, así como en la falta de claridad y organización, sencillez, etc.

La firma en relación con el texto

En la primera visión panorámica no se analiza la firma con detenimiento, sino que se observa la armonía existente con el escrito del texto es decir, si guardan relación la firma y el texto en forma, tamaño, etc., lo que nos dará una importantísima información sobre la persona.

2. Estudio y valoración del escrito bajo los diferentes aspectos y subaspectos gráficos

La persona que se inicia en el análisis tiene que marcarse una pauta de trabajo clara y concisa, en la cual consten todos los aspectos gráficos: orden, dimensión, presión, forma, cohesión, velocidad, dirección ey inclinación.

Se valorará la escritura buscando y tasando los signos que la caracterizan y califican en sus diferentes aspectos. Se tomará nota de todas las características propias de la escritura en cuestión, en todos los aspectos, repasándo uno por uno hasta tenerlos todos valorados.

3. Estudio y valoración de los trazos iniciales y finales, gesto tipo y letras reflejas

En este tercer paso del análisis grafológico se observarán y valorarán los siguientes puntos:

Los trazos iniciales y finales

Se debe recordar que el trazo inicial representa el pasado y el trazo final es una representación del futuro, así como un reflejo del ímpetu y la extraversión.

El gesto tipo

Todos los gestos derivados de la recta y la curva. Recordemos: látigo, arpón, maza, etc.

Letras reflejas

En este punto repasaremos las letras *m, t, s,* etc., valorando sus características.

4. Interpretación

Seguidamente se procederá a interpretar todos los datos obtenidos en los puntos anteriores, es decir, a interpretar el significado de todas las especies gráficas descubiertas en la definición de la escritura, junto con todo el resto de signos obtenidos.

5. Síntesis

Finalmente, una vez interpretados todos los aspectos y signos gráficos, se trata de relacionar y conjugar con cierto grado de lógica todos los datos psicológicos y de carácter que se han determinado.

Nos será de ayuda para este último fin agruparlos y presentarlos de la siguiente forma:

Tendencias instintivas y estado de salud

Se valorará la vitalidad y salud del individuo.

Aptitudes intelectuales

Pensamiento concreto y abstracto. Imaginación. Atención, concentración y dispersión. Lógica, espíritu analítico y sintético. Orden y metodología. Negligencia y atención al detalle. Rapidez y lentitud en las ideas. Juicio. Sentido crítico.

Voluntad y actividad

Voluntad y energía fuertes o flojas. Actividad o pereza. Firmeza o debilidad. Rapidez en las reacciones. Ritmo de trabajo. Precisión, perseverancia, regularidad, iniciativa, sentido de la responsabilidad. Decisión.

Actitud afectiva y social

Emotividad y sensibilidad. Simplicidad o búsqueda de afecto. Espontaneidad o reserva. Sociabilidad. Simpatía. Egocentrismo. Egoísmo o dedicación. Bondad y dulzura o agresividad, dureza, maldad. Rencor. Espíritu de colaboración. Disciplinado o independiente. Deseo de mando. Cualidades de Jefe.

Moralidad

Franqueza, valentía, lealtad, simplicidad y sinceridad. Sugestionable o estable.

capítulo 18

compatibilidad de caracteres

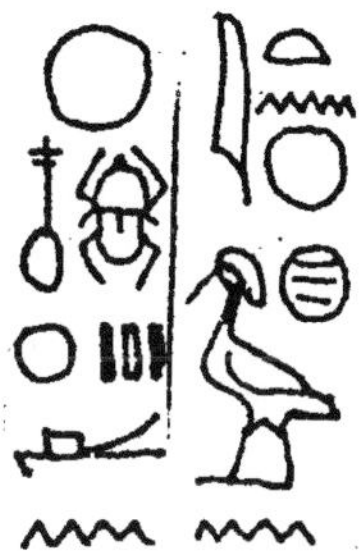

Jeroglíficos egipcios.

Toda persona, por su idiosincrasia, reúne unas características peculiares que la hacen única. El individuo en sus relaciones con los demás, ya sean relaciones laborales, familiares o sociales, tiene que convivir e intercambiar con otro tipo de personas que a su vez tendrán características propias y como consecuencia otro funcionamiento interno.

En la relación con otras personas, sean del ámbito que sean, puede haber armonía y buena concomitancia o, por el contrario, pueden surgir fricciones y, por consiguiente, una relación difícil y conflictiva.

Mediante la utilización del análisis grafológico y el conocimiento profundo de la persona que de esta técnica se obtiene, se puede valorar realmente una relación y su posible resultado.

Son múltiples las características que pueden coincidir en una persona y, a su vez, éstas se pueden multiplicar por toda la cantidad de variantes que se pueden llegar a centrar en un determinado individuo. Ante la dificultad de poder incluir en este capítulo tanta información, se ha optado por dar un pequeño ejemplo de cinco tipologías diferentes junto con sus antagónicos y armónicos o compatibles. En cada caso se incluyen los rasgos grafológicos correspondientes a las cualidades que se incluyen.

La persona interesada en este tema tiene que utilizar estos cinco ejemplos como guía para captar la lógica utilizada en la decisión de crear las características que son armónicas o compatibles y, por el contrario, las antagónicas a una determinada personalidad. Para este fin le será de una gran utilidad el listado de las distintas facultades con sus correspondientes manifestaciones grafológicas que se encuentra en el capítulo 19.

Educación, cultura, hábitos, aficiones, ideología, etc: Suponiendo que las dos personas que forman la pareja coincidan en todos estos apartados, tendrán cierta garantía de que la relación pueda ser positiva. Pero existen otros factores que son intrínsecos a la persona y difícilmente podrá variar. Un ejemplo de éstos sería: compasión, altruismo, bondad, generosidad, comprensión, buen carácter, franqueza, equilibrio, etc. Todos son un ejemplo de algunos de los factores que puede reunir una persona y que ayudarían en gran manera a tener una muy buena relación de pareja. Contrariamente, se encuentran otras características en las que, las personas que reúnen alguna de ellas, tiene menos posibilidades de tener una relación satisfactoria, como por ejemplo: egoísmo, impaciencia, tiranía, falsedad, hipocresía, orgullo, estupidez, etc.

Suponiendo que la pareja coincida en todos estos apartados, puede darse armonía y buena convivencia. Puede ser una pareja denominada armónica y estable. Pero no hay que confundir la estabilidad y armonía en la relación con algo más que da chispa a la pareja: enamoramiento, admiración mutua, ilusión, componentes que como resultado originan la denominada pareja ideal. ¿Por qué? La pareja ideal se da cuando las dos personas que la componen reúnen todos los puntos detallados anteriormente y, como resultado, los dos miembros que la forman se autovivifican, ilusionan y se unen en un proyecto común de realización como personas completas.

Su funcionamiento interno se abastece mediante la unión del uno con el otro, produciendo una vivificación de la persona, entendiendo la persona como un ser completo y compuesto de cuerpo, mente y espíritu.

Seguidamente se detallan cinco tipos de carácter, su antagónico o persona con la que la relación sería muy difícil y problemática; posteriormente, en cada caso, se indican las características de personalidad que serían plenamente armoniosas.

Carácter justo, digno, incorruptible

Grafismos: escritura firme, neta, ordenada, clara, progresiva, rectilínea, signos de puntuación precisos. Letra vertical, ligeramente sobrealzada en las mayúsculas, barras de la *t* firmes.

Antagónico: embustero, tramposo, falso

Grafismos: escritura disfrazada, en arcos, regresiva, lenta, abierta por la parte baja, trazos empalmados, inhibida, retocada, angulosa y con signos de inarmonía.

Armónico: honesto, moral, prudente

Grafismos: escritura ordenada, redondeada, progresiva, abierta, rítmica, rectilínea, estable, inclinada, ponderada. Puntos de las *i* y barras de las *t* muy abajo, cortas y cuidadosamente colocados, lentitud, sesgo recto, estrechamiento del margen izquierdo, amplio margen derecho, escritura pequeña, regular.

Carácter melancólico, sombrío, propenso al mal humor, apático, irascible

Grafismos: escritura descendente, intrincada en el descenso, mayúsculas separadas, aflojamiento de la tensión gráfica, disminución de la rapidez normal, escritura floja, ausencia de puntos y barras de la *i* y la *t*.

Antagónico: dinámico, nervioso, impaciente, incomprensivo, indeciso

Grafismos: ángulos, elevada presión, tamaño grande, sesgo hacia la derecha, trazos descendentes firmes, letra rápida. Puntos de las *i* y barras de la *t* hacia la derecha, rapidez, escritura vacilante, suspendida, floja, inhibida, apretada, o estrechada, con trazos iniciales largos, barras de las *t* detrás del hampa.

Armónico: tranquilo y equilibrado, paciente, carácter tolerante

Grafismos: guirnaldas, tamaño pequeño, escritura recta, barras de la *t* cortas, letra natural, buena distribución de los espacios, puntos de las *i* y barras de las *t* colocados con precisión y exactitud, lentitud, curvas.

Carácter objetivo, reflexivo, realista

Grafismos: escritura armónica, sencilla, sobria, ordenada, clara, bien proporcionada, puntuación precisa, márgenes organizados. Escritura ponderada con tamaño mediano o grande.

Antagónico: subjetivo, irreflexivo, irrealista, ilusorio

Grafismos: escritura rápida, inclinada, lanzada, desproporcionada, desigual, barras de la *t* potentes, masivas o aceradas, finales largos. Jambas largas de base angulosa, escritura con tendencia a los inflamientos en la zona media y superior, creciente, movida, bucles regresivos.

Armónico: equilibrada, objetivo, reflexivo, realista, ponderado, equilibrado

Grafismos: escritura firme, rectilínea, vertical o moderadamente inclinada, ordenada, clara, homogénea y progresiva, guirnaldas, arcadas, escritura regular, mayúsculas proporcionadas y sin adornos.

Carácter serio, reservado y taciturno

Grafismos: ausencia de trazos horizontales ondulados, ángulos, regularidad, barras de la *t* firmes, arcadas, tendencias y movimientos hacia la izquierda, margen derecho ancho. Escritura recta, cerrada, regresiva, apretada, sobria, contenida y suspendida.

Antagónico: comunicativo, indolente, hablador, informal, desmesurado

Grafismos: escritura floja, descendente, desordenada, puntuación débil, margen de la izquierda estrecho, letra blanda.

Armónico: reservado, discreto, atento

Grafismos: escritura cerrada, regresiva, apretada, sobria, contenida, suspendida, arcadas, movimientos hacia la izquierda, margen derecho ancho, escritura estrecha con elevada presión.

Carácter imperioso, enérgico, dominante, orgulloso, intransigente, activo

Grafismos: escritura rápida, inclinada, desproporcionada y desigual, barras de las *t* potentes, finales largos, jambas largas de base angulosa o triangulares mayúsculas sobrealzadas, líneas ascendentes, escritura alta, firma sobrealzada.

Antagónico: independiente, seguro de sí mismo, obstinado

Escritura sobrealzada, firme, ascendente, barras de las *t* altas, jambas fuertes con base angulosa, trazos terminales o de final acentuados y en forma de gancho.

Armónico: tímido, obediente, servil

Grafismos: amplio margen derecho, conexión en forma de hilos, ausencia de ornamentación, escritura redondeada, lenta, floja, blanda, barras de las *t* bajas o ausentes, letra pequeña, escritura descendente, escritura estrecha.

capítulo 19

listado de facultades y sus correspondientes manifestaciones grafológicas

Muestra de escritura jeroglífica hitita primitiva.

En el presente capítulo se adjunta un listado con las diferentes manifestaciones grafológicas correspondientes a una variedad de facultades que se pueden apreciar en las escrituras. Tienen gran utilidad por ser una guía para la persona que se inicia en el análisis grafológico; constituyen una forma de ayuda a la hora de saber calibrar las diferentes facultades que pueden encontrarse en las diferentes escrituras.

- Actividad: escritura rápida y firme, ascendente, con rasgos proyectados hacia delante, sobre todo en las barras de las *t*. También se aprecian signos de energía.
- Alegría: escritura ascendente, con predominio del trazo curvo.
- Tristeza: escritura descendente, finales caídos, presión floja.
- Sensibilidad: escritura muy inclinada, trazos finos.
- Bondad: escritura clara, curva, sin ganchos, tamaño de la escritura grande.
- Egoísmo: escritura con trazos dirigidos hacia la zona izquierda, espirales.
- Delicadeza: escritura ligera, sin ángulos, con mayúsculas bien proporcionadas y armoniosas.
- Dignidad: escritura rectilínea, clara, firme, bien ordenada, mayúsculas altas y márgenes regulares.
- Orgullo: letras grandes, firma de mayor tamaño que el texto, tendencia al grafismo vertical, hampas elevadas.
- Vanidad: escritura con florituras, ornamentos, artificiosidad y ornamento.
- Sencillez: grafismo claro y simplificado, proporciones moderadas.
- Prudencia: escritura pausada, vertical, puntuación bien puesta, sin finales.
- Veracidad: escritura rectilínea, muy clara, legible y bien espaciada, sin ningún tipo de rasgo exagerado.
- Mentira: escritura ilegible, finales terminados en un hilo o comidos, letras *a* y *o* terminados por la base. Escritura inestable o con características muy variables, escritura retocada anormalmente. Escritura filiforme

con presión débil o escritura floja con letras inacabadas, junto con escritura lenta. Grandes diferencias entre texto y firma. Trazos superpuestos.

- Generosidad: escritura de grandes dimensiones, espaciada, grafismo curvo, márgenes grandes con tendencia a ensancharse.
- Avaricia: muchas palabras en una sola línea, muchas líneas en una página; ganchos convergentes y cabos inferiores de las letras prolongados verticalmente.
- Mal genio: grafismo anguloso de letras irregulares y erizado de puntas, los acentos prolongados y finales horizontales.
- Crueldad: puntas agudas como lanzas, escritura irregular y angulosa.
- Energía: escritura de relieve firme, predominio del ángulo, barras de las *t* largas y recias.
- Voluntad impulsiva: escritura recia, inclinada y angulosa, barras de la letra *t* largas y recias, finales impetuosos, prolongados horizontalmente, rúbrica en forma de maza vertical u oblicua.
- Decisión: barras delante de las *t* en ocasiones hasta sin tocar la letra, en escritura firme y ascendente, rúbrica muy rápida y de un trazo recto.
- Tenacidad: arpones en el grafismo.
- Obstinación: escritura angulosa junto con barras de las *t* y finales dirigidos de arriba abajo.
- Perseverancia: grafismo regular, rectilíneo, generalmente horizontal, barras de las *t* siempre iguales o ligadas al pie de la letra siguiente.
- Audacia: trazado vigoroso apoyado, rasgos originales.
- Voluntad autoritaria: escritura angulosa, barras de las *t* recias y colocadas por encima de la letra o muy altas.
- Independencia: escritura con letras disociadas. Rúbrica de un solo rasgo hacia abajo.

- Voluntad débil: escritura floja, sin relieves, descendente, líneas poco rectas, barras de las *t* ausentes o finas y desiguales al mismo tiempo.
- Sumisión: grafismo pequeño, barras de las *t* muy bajas, ausencia de los rasgos de independencia.
- Lógica: Escritura de letras siempre ligadas entre sí en cada palabra.
- Timidez: escritura predominantemente estrecha, mayúsculas cuyas aspas se aproximan entre sí, puntos muy ligeros, sin finales.
- Indecisión: trazado trémulo, sin firmeza, retoques en las letras, finales curvados hacia la izquierda.
- Impaciencia: finales prolongados horizontalmente, barras largas y finas.
- Intuición: escritura de letras disociadas en su mayor parte. Óvalos abiertos en su zona superior.
- Versatilidad: escritura muy variable, barras de la *t* muy distintas, originalidad en los trazos.
- Facultades equilibradas: escritura mitad ligada, mitad disociada, clara, rítmica, sin rasgos extravagantes y mayúsculas bien proporcionadas.
- Idealismo: escritura ligera, puntuación alta. Barras de las *t* por encima del palo de la letra.
- Sentido del color: escritura de mucho relieve, de trazado grueso.
- Cultura: escritura simplificada, rápida, más curva que angulosa, mayúsculas sencillas y armónicas y en ocasiones tipográficas.
- Gusto estético: escritura curva en la base de las letras, armonía, mayúsculas tipográficas, originales y estéticas. Grandes movimientos en la zona superior.
- Imaginación: grandes movimientos en la escritura, *d* con aspa excesiva, así como diferentes formas de la misma letra.

- Reflexión antes de decidirse: inicial separada de las demás letras que componen la frase.
- Viveza: escritura ascendente, rasgos horizontales largos y finos, puntos en forma de acentos.
- Orden: escritura ausente de rasgos desmesurados, regular y tranquila, puntuación bien colocada, espaciada y legible.
- Espíritu polemista: barras de las *t* y finales ascendentes en escritura viva y rápida.
- Vulgaridad: escritura con complicaciones inútiles, generalmente grande, con márgenes amplios.
- Minuciosidad: escritura pequeña, puntuación muy ordenada, subrayados, correcciones en las letras.
- Elegancia: escritura armoniosa, sin ningún tipo de complicaciones inútiles, normalmente grande y con márgenes amplios.
- Observación: escritura normalmente pequeña, finales en punta.
- Credulidad: escritura grande, letras aumentando de tamaño, *a* y *o* abiertas por arriba.
- Escepticismo: escritura angulosa, vertical o de inclinación irregular, con frecuentes puntas.
- Rareza: rasgos anormales, puntos como círculos o gaviotas, mayúsculas extrañas.
- Distracción: puntuación mal colocada, olvido frecuente de acentos y comas, irregularidad en la escritura.
- Entusiasmo: grandes movimientos de pluma, escritura generalmente curva, inclinada y ascendente, rúbrica fulgurante, en ocasiones en zigzag.
- Secreto: arcada terminal con tendencia hacia la izquierda, conexiones en forma de arcadas, enroscamientos con tendencia hacia la izquierda en la zona superior.
- Sinceridad: escritura ancha combinada con elevada presión, guirnaldas.

- Paciencia: puntos de las *i* y barras de las *t* colocadas con precisión y exactitud, lentitud, curvas.
- Receptividad: presión elevada combinada con escritura irregular.
- Respeto: puntos de las *i* y barras de las *t* situados muy abajo, simplificación, tamaño pequeño, trazo inicial de la *m* menor que los otros.
- Vivacidad: rapidez, escritura ancha combinada con elevada presión, irregularidad, pastosidad, líneas o renglones ascendentes, puntos de las *i* y barras de las *t* colocados muy arriba.
- Madurez: simplificación, originalidad, naturalidad, buena distribución de los espacios.
- Franqueza: omisión de los trazos iniciales, tendencia a la simplificación.
- Desprendimiento: trazo hacia la derecha, simplificación, regularidad, guirnaldas, buena distribución de los espacios, iniciales sencillas.
- Cordialidad: redondez en la zona media, pastosidad.
- Curiosidad: puntos de las *i* y barras de la *t* muy altos, letras de la zona media con la parte superior en punta.
- Afectuosidad: redondez en la zona media, pastosidad, irregularidad.
- Celo: líneas o renglones ascendentes, zona media de tamaño mayor que el normal, tamaño grande combinado con irregularidad.
- Astucia: óvalos cerrados, breves trazos terminales, enroscamientos.
- Emprendedor: movimientos con tendencia hacia la derecha en la zona media, zona superior e inferior de tamaño mayor que el normal.
- Fingimiento: ambigüedad, estilos de escritura mezclados con artificiosidad, sesgo recto o con tendencia hacia la izquierda, artificiosidad, lentitud.

capítulo 20

la sexualidad en la escritura

Inscripción maya procedente de Copan.

Anima y *animus*

Uno de los retos más difíciles del grafólogo es poder distinguir el sexo de la persona que ha realizado un escrito.

Se pueden encontrar tanto hombres como mujeres que en su escritura plasman claramente características que los definen en uno de los dos sexos. La dificultad del grafólogo estriba en que no siempre se dan unas características definidas que expresen con claridad un resultado exacto a la hora de determinar el sexo del escrito. Así pues diremos que la escritura refleja el sexo psicológico y no el fisiológico del sujeto.

La figura 1 nos muestra una letra de género femenino, mientras que la 2 corresponde al género masculino.

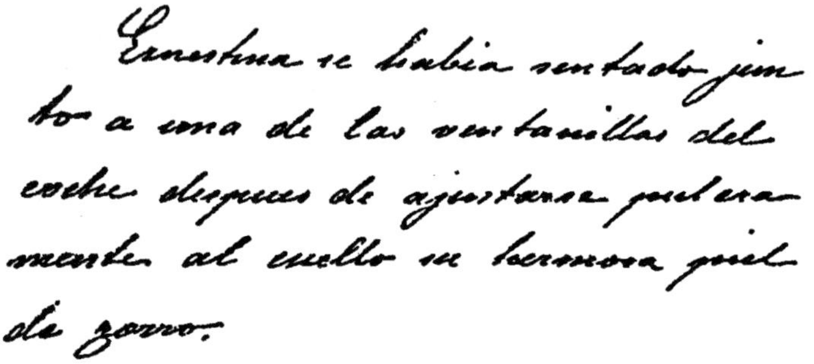

Figura 1: Letra de género femenino.

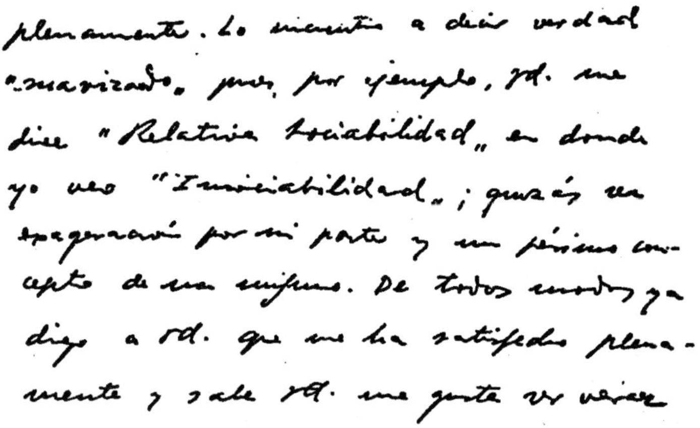

Figura 2: Letra de género masculino

En la actualidad se aprecia de forma clara la gran evolución que realizan el hombre y la mujer en sus papeles, así como el cambio que la sociedad actual está experimentando, y esto se refleja en la escritura manuscrita.

La mujer en nuestros tiempos, y en la sociedad en que vivimos, ha perdido el papel pasivo, está introduciendo un nuevo rol en el cual ha adoptado y adopta, cada vez más, papeles que anteriormente se atribuían exclusivamente al hombre.

Todos estos cambios se reflejan en la escritura, aportando unos rasgos nuevos que dan similitud a la escritura masculina.

En la figura 3 vemos un ejemplo de escritura de mujer *animus*, es decir, donde predominan los rasgos masculinos.

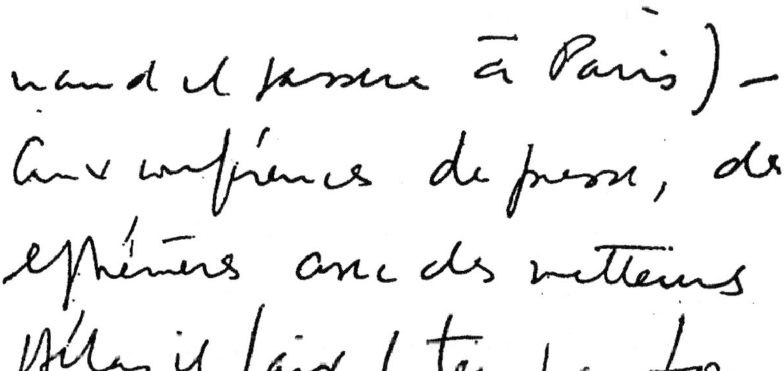

Figura 3: Ejemplo de escritura de mujer *animus*.

En lo referente al hombre, ya no tiene que dar la imagen de masculinidad que anteriormente se le exigía. El hombre, al igual que la mujer, ha cambiado su rol prefijado y lo ha modificado desarrollando su parte más femenina.

En la escritura del hombre se aprecia una apertura a las emociones, abandono de la rudeza, su capacidad de mando. Desarrolla más la estética, la sensibilidad y valora más toda una serie de factores que no hace mucho eran exclusivos de la mujer.

Los rasgos manuscritos del hombre han ganado en emociones, no hay tanta represión, «el hombre ya llora». Se ha sensibilizado, ya no se siente afeminado en el sentido despectivo que antes se consideraba a un hombre sensible.

La figura 4 apreciamos dos trazos de escritura de hombre. En ambas muestras se aprecia un hombre con un *anima* o parte femenina muy potenciada.

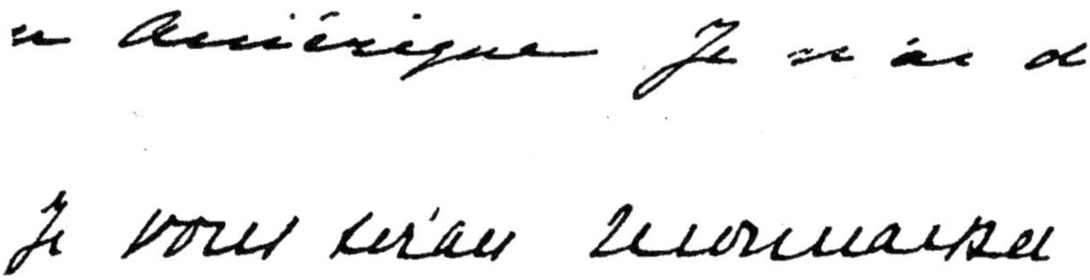

Figura 4: Escritura de hombre *anima*.

Así pues, a la hora de analizar una escritura, se tendrá claro que la persona que realiza el escrito puede ser fisiológicamente un hombre o una mujer, pero se podrá apreciar hombres en los que su *anima* o parte femenina, prima más o, podríamos decir, que la tienen más potenciada.

De la misma forma se encontrarán escrituras de mujeres cuyos rasgos denotan un *animus* o parte masculina muy desarrollado.

La evolución del ser humano, y por lo tanto de los dos sexos, tiende a una unificación, se está desarrollando un nuevo hombre y una nueva mujer cada vez menos distanciados.

El sexo, en nuestra sociedad actual, reviste gran importancia, se va desprendiendo de esa falsa moralidad que lo reprimía y era causa de tantos tabúes y protagonista de tantos bloqueos y neurosis.

En este capítulo se enseñará a calibrar la sexualidad en los escritos y las diversas formas de enfocarlos. También se instruirá al lector en la forma de apreciar a través de la escritura, cómo afronta una persona determinada este aspecto de su vida.

La letra *g* o letra refleja de la sexualidad

La libido, al igual que toda tendencia instintiva primaria, tiene su localización en la zona inferior de la escritura manuscrita. (Véase el capítulo 4, que trata del simbolismo del espacio.)

La letra que plasma y refleja más claramente las tendencias sexuales es, sin duda, la letra *g*, exactamente la *g* minúscula. Esta letra, por su fisonomía, es la que refleja de forma más completa la libido del ser humano.

La letra *g*, consta de dos partes: una primera denominada «óvalo», y otra parte denominada «jamba».

- El óvalo nos aportará una información sobre la persona, centrada en su actitud ética y emocional.
- La jamba o segundo movimiento nos da una información centrada en la forma de expansión de los instintos, las tendencias de la libido.

El óvalo o círculo, se divide a su vez simbólicamente en cuatro partes.

1. Parte superior del óvalo o círculo de la letra *g,* donde encontraremos información referente a los ideales.
2. Parte contraria o inferior, reflejará lo corporal y terrenal.
3. A la derecha del óvalo se encuentra reflejado el vínculo a otras personas.
4. A la izquierda del óvalo, veremos el egoísmo, narcisismo, etc.

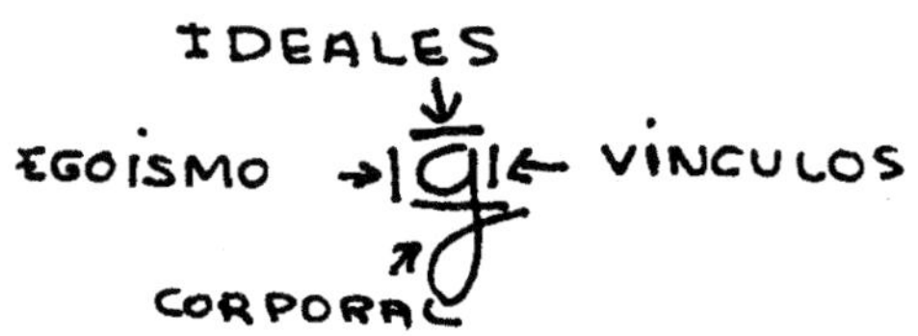

La jamba o segundo movimiento de la letra *g* refleja el inconsciente, valora su profundidad, su fuerza, su dirección, etc. También aporta información sobre la forma en que expansiona sus instintos y las tendencias libidinales de la persona.

Dentro de la jamba, distinguiremos varias partes:

- Trazo descendente que marca la potencia de los instintos, deseos y necesidades.
- Base de la jamba que informa sobre la inhibición y expansión del instinto.
- Trazo ascendente que refleja la forma de expansionar esa libido, así como la forma de conducirlo hacia la realización.

Una escritura manuscrita refleja sexualidad y sensualidad, mediante unos rasgos generales a primer golpe de vista.

La letra curvilínea nos habla de cierta predisposición a la sexualidad. Denota sensibilidad, cierta predisposición al gozo y disfrute de los sentidos. También revela cómo la persona expande su libido y, por tanto, su sexualidad de forma fluida.

Los inflados hablan de imaginación, que llevada al ámbito sexual le da creatividad y riqueza sexual. Los lazos y guirnaldas denotan ternura. La zona media abierta e inclinada, junto con línea curvilínea, pone de manifiesto una personalidad abierta al goce sexual. La zona inferior grande, junto con curvilíneas y trazo grueso denota de la misma forma una gran sensualidad o utilización de los sentidos para dar goce sexual.

El siguiente ejemplo nos muestra una escritura repleta de sensualidad.

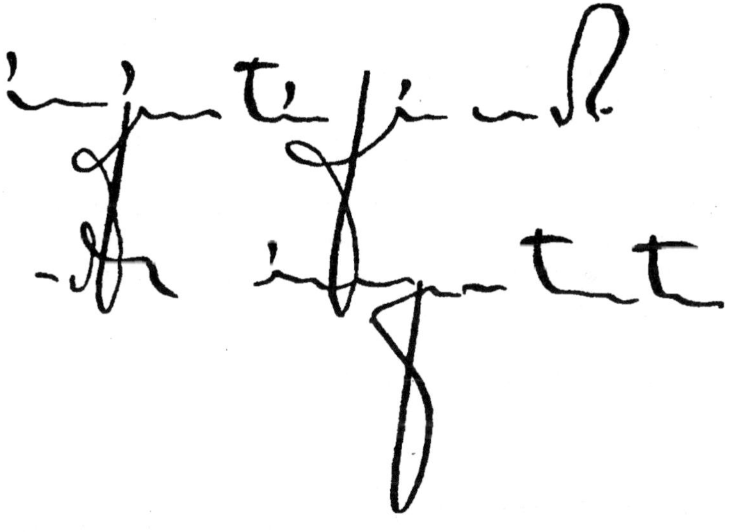

Todas estas pautas son generales y nos servirán como punto de partida a la hora de valorar en conjunto una escritura. Ahora bien, para profundizar y tener una opinión más detallada, a continuación se aporta un estudio más minucioso sobre los diferentes tipos de personas que se pueden encontrar junto con sus peculiriadidades dentro del ámbito sexual.

Diferentes tipos de óvalo y su simbología

En la zona media de la escritura o parte superior de la letra *g*, se encuentra el óvalo. Recordemos que el óvalo nos habla de la actitud que toma la persona con respecto a su afectividad o moralidad en el ámbito sexual. También manifiesta con qué criterios conduce su vida sexual. Así la forma del óvalo nos habla de la actitud del yo.

1. *Óvalo redondo*

Este tipo de óvalo denota infantilismo, inmadurez, dependencia, más instinto que cabeza. Su actitud es egoísta, acaparadora y caprichosa. Al igual que un niño, busca recibir sin dar. Es difícil que haya intercambio en el amor, es muy receptivo y escasamente generoso en su relación.

2. *Óvalo ovalado*

Éste es el llamado óvalo de la madurez. Muestra una actitud mental madura ante el sexo, opone sensatez, moderación, racionaliza el sexo. Dentro de la pasión sabe controlar sus impulsos, y rara vez actúa alocadamente. Todos sus actos en el terreno sexual son premeditados no dejando lugar a locuras e improvisaciones.

3. *Sin óvalo*

Una letra *g* cuyo óvalo no existe, manifiesta claramente un conflicto en la persona, pues denota una falta de toma de conciencia del tema sexual. No se define, no quiere comprometerse. Esta característica se encuentra también en escrituras de bisexuales.

4. *Óvalo a la derecha*

Este tipo de óvalo pone de manifiesto que, para la persona que lo realiza, el tema sexual no es un elemento primordial. Denota una sublimación de la libido hacia lo social, sublima sus impulsos volcándose en lo profesional, etc.

5. *Óvalo con ángulo en la parte superior*

Este tipo de óvalo pone de manifiesto una personalidad altamente racional, analiza los sentimientos y las emociones, de la misma forma sus instintos le crean culpabilidad en caso de dejarse llevar. Estas personas se crean frenos en su funcionamiento interno, pues analizan tanto que ellos mismos crean sus propios miedos, normas, dudas, etc.

6. *Óvalo con ángulo en la parte baja*

Este óvalo refleja una actitud de angustia, quiere pero no puede, se extralimita. Existe cierto resentimiento, así como agresividad.

7. *Óvalo extraño*

Este tipo de óvalo, no tiene un significado exclusivo, lo que sí está claro, es la existencia de un comportamiento extravagante. La persona que lo realiza vive su sexualidad de forma peculiar, ya sea por exhibicionismo, superficialidad o apariencia. También se da este tipo de óvalo, en los casos que existe impotencia psíquica.

8. *Óvalo muy elevado*

Este óvalo refleja una personalidad muy imaginativa y romántica. Se recrea idealizando, imaginando escenas, y recreando su pensamiento.

9. *Óvalo en espiral*

Este óvalo refleja una persona que vive su sexualidad y su vida amorosa de forma egoísta. Busca claramente su exclusivo placer. Refleja masturbación y autoerotismo.

10. *Óvalo con doble bucle*

Este óvalo es denominado también «ojos traidores». Cuando le interesa algo, va con halagos. Sabe ir al grano pero con falsedad. No se muestra tal como es.

11. *Óvalo abierto a la derecha*

Este óvalo habla de una persona abierta a los demás, que está dispuesta a la relación, es directa y clara.

12. *Óvalo cegado*

El óvalo cegado refleja una personalidad emocionalmente bloqueada. Pone de manifiesto un estado de angustia, que bloquea a la persona y difícilmente podrá dar o recibir.

Regularidad e irregularidad en los óvalos

En el conjunto de un escrito se tiene que observar si existe regularidad en la forma de realizar los óvalos o, por el contrario, se encuentran en un mismo escrito diferentes formas de realizarlo. Es importante observar este dato, dado que nos aportará una información decisiva sobre el funcionamiento interno de la persona que realizó el escrito.

Regularidad

Un escrito en el que se repita la misma forma de realizar el óvalo nos dice mucho de la persona. En primer lugar manifiesta una personalidad ya definida en este punto, dando una garantía de madurez así como estabilidad, sin sobresaltos ni sorpresas. La persona ha tomado conciencia de su aptitud y la ha asumido.

Irregularidad

La irregularidad se manifiesta en un escrito donde podemos contabilizar dos o tres óvalos, realizados con diferentes formas. Esta irregularidad manifiesta que la persona está desorientada y, según el momento, se comportará de una forma u otra. Se trata de una persona variable a quien le falta definición. En el aspecto amoroso y sexual, son variables y tienen grandes altibajos, puede ser difícil entenderlos, a no ser que a su pareja le atraiga este tipo de personalidad.

La jamba: pautas generales

La jamba, o parte baja de la letra *g*, nos manifiesta la vitalidad de la persona y su libido sexual. Revela también el materialismo, el instinto, dominio y poder.

- La jamba, cuanto más profunda y larga sea y más presión tenga, reflejará más potencia de libido.
- El trazo ascendente de la jamba es la realización, la consumación del acto o consecución de la libido.
- La forma de enlazar con la letra siguiente refleja la comunicación con el otro.
- La jamba con predominio de la letra curva, refleja imaginación en la actividad sexual, así como adaptabilidad.
- La jamba angulosa, expresa el uso de la mente y la razón. Se racionaliza el instinto, dureza, represión, etc.

Tamaños de la jamba

Tamaño normal

Una jamba realizada con un tamaño normal, manifiesta que se trata de una persona corriente y que su funcionamiento está dentro de lo que se considera normal.

Jamba pequeña

Cuando menor es la jamba más inseguridad y timidez expresa. Esta persona se excusa o evita en algunos casos la actividad sexual por tener dudas acerca del cumplimiento de su papel.

Jamba muy pequeña

En algunos casos es reflejo de impotencia. Normalmente manifiesta infantilismo, inmadurez e inexperiencia. Esta persona está alejada de todo posible compromiso sexual.

Jamba mutilada

Si la jamba no asciende y se queda bloqueada, es signo de dudas, miedos, temor a cualquier enfermedad. También se encuentra en casos de personas que tienen un afán de ilusionar o impresionar sexualmente, y bloquea la auténtica relación sexual.

Jamba que asciende por donde baja

Este tipo de jamba denota ocultación, suelen ser personas que llevan su sexualidad de forma oculta. También se da esta jamba en casos de personas celosas sexualmente y que no quieren revelar este sentimiento.

Jamba muy grande

Esta jamba denota actividad, provocación, realización exigente y posiblemente agresividad. Manifiesta un egoísmo muy grande, de personas que velan exclusivamente por sus intereses, y que realizan el acto sexual cuando les apetece.

Jamba muy ancha

Esta jamba nos habla de una gran imaginación al servicio del erotismo, que surge en los gestos, el lenguaje y desata un exhibicionismo provocador. El sexo se realiza más por la imaginación que por la realidad. Suelen ser personas a quienes les gusta la estimulación por fantasía. A su vez, cuanto más se proyecta hacia la izquierda, más les gusta rememorar.

A continuación se analiza el caso de las jambas angulosas. El significado de una jamba angulosa variará en gran medida dependiendo del tipo de óvalo que lleve en su parte superior. Se tiene que recordar que los ángulos siempre hablan de rechazo u oposición.

Jamba en ángulo, óvalo redondo

La persona se reprime por inmadurez e infantilismo; esto es causa de un egoísmo acaparador.

Jamba en ángulo, óvalo pequeño, redondo u ovalado

Este tipo de letra *g* es característico de personas introvertidas y recelosas. Denota temores, miedos, se reprime por meticulosidad o escrupulosidad.

Jamba en ángulo, óvalo ovalado

En este caso la represión viene por desarrollar demasiado razonamiento y lógica.

Veremos ejemplos de diferentes modalidades de letras *g*, complementando así la información dada anteriormente. Difícilmente se encontrarán dos *g* completamente iguales, por este motivo, se considerarán estas explicaciones como pauta y consejo a la hora de analizar el significado de una letra *g* determinada.

Letra g con escaso óvalo

El óvalo de la *g* casi no existe, se insinúa un poco. Éste es el óvalo de la sublimación. La persona que lo realiza, desatiende claramente su vida sexual. Su atención no está puesta en el sexo.

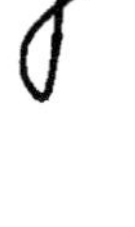

Letra g sin óvalo

Normalmente este tipo de letra *g* corresponde a una persona que no ha tomado partido, es decir, no se ha definido sexualmente.

Letra g con óvalo grande y abierto

Esta letra *g* la realizan personas muy extravertidas, viven pendientes del mundo que les rodea. Poseen una gran sensualidad. Su actividad sexual reducida viene por extraversión por tener más necesidad de relacionarse exteriormente.

Letra g con jamba en lazo

La letra *g* realizada de esta forma nos habla de una persona que provoca por medio de la fantasía, seduce y despierta deseos. Le gusta atraer la atención. Manifiesta coquetería y afán de gustar. Suele ser una seducción egoísta que utiliza al otro para revalorarse. Este tipo de letra *g* se manifiesta también en la homosexualidad.

Letra g con jamba en lazo anguloso

Esta *g* manifiesta una persona encerrada en sí misma, y denota tensión y represión.

Letra g con jamba sin retorno

Nos manifiesta una persona que, al margen de sus circunstancias, se muestra fría y seca en este tema. No hay sexualidad evidente por algún problema de fondo. El análisis dependerá también de la fuerza y la precisión en la escritura. Si se da el caso jamba profunda, nos habla de la necesidad de encontrar pareja.

Letra g cuya jamba retorna directamente hacia la derecha

Esta letra *g* la realizan personas que de forma clara subliman la libido hacia otras actividades.

Marilyn Monroe y John F. Kennedy

Se han escogido las firmas de estos dos personajes conocidos por todos porque en sus rasgos se encuentra de una forma muy clara, un ejemplo representativo de una libido muy potente. Al observar ambas firmas se apreciará que tanto la una como la otra, tienen en su parte inferior una jamba de un tamaño muy grande, lo cual manifiesta una libido muy potente. Ambos personajes, en su funcionamiento interno, anteponen sus deseos e instintos a la hora de tomar decisiones, la sexualidad es un aspecto de sus vidas básico e imprescindible.

Firma de Marilyn Monroe

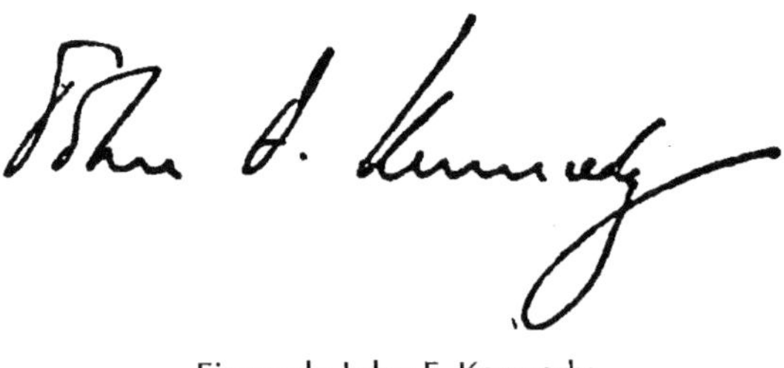

Firma de John F. Kennedy

Observemos la forma diferente que tienen las jambas de estas firmas. Esto nos refleja cómo viven esta sexualidad, si es fluida y agradable o si, por el contrario, existe algún conflicto que obstruye una realización y desarrollo de la libido de forma positiva.

En la firma de John F. Kennedy se observa una jamba grande y potente, sin ángulo, redondeada y amplia, retornando completamente hacia la parte superior derecha. Si se repasa la información dada anteriormente se verá claramente que su sexualidad era muy satisfactoria para él.

Si se observa la firma de Marilyn Monroe se apreciará que el tamaño de su jamba también es muy grande, pero al contrario que la firma de Kennedy en su jamba se plasma un ángulo en forma de arpón en la base. Esto nos informa de un conflicto que vivía Marilyn Monroe en esta faceta de su vida. Su jamba sin retorno y terminada en arpón, nos lleva a pensar que llevaba una lucha interna contra sus deseos e instintos.

capítulo 21

cuando la escritura nos revela genialidad

Inscripción cannanea de Mesa, rey Moab.

Todo ser humano tiene unas características determinadas e irrepetibles. Es imposible encontrar ningún otro individuo exactamente igual. Esto se refleja claramente en la escritura: si la escritura es reflejo de la personalidad y no hay dos individuos iguales, entonces resulta inverosímil encontrar dos escrituras completamente iguales.

Dentro del común de los mortales se puede encontrar una minoría de personas que salen de lo habitual o normal, son seres que aparentemente funcionan corrientemente, pero que, por algún motivo han desarrollado cierta habilidad o arte y han traspasado la frontera de lo que se considera normal en un ámbito. Dentro de este contexto, se encuentra otro pequeño grupo que se podría denominar seres superiores. Son los que desarrollan cierta habilidad por encima de lo habitual y poseen, además, una personalidad también superior.

Un artista, pintor, un músico, un literato, etc., pueden ser superdotados en su arte, pero como personas pueden ser también seres muy burdos. En muchas ocasiones, la sociedad idolatra a una persona determinada por su genialidad en un determinado campo, confundiendo así su arte con un todo personal.

A continuación se analizan las firmas y rúbricas de cinco personas consideradas en la historia de la humanidad como seres sobresalientes en sus diferentes ámbitos. Son analizados, mediante la explicación en cada uno de ellos los diferentes grafismos de su firma y detallando exactamente el sentido de cada uno de ellos.

Salvador Dalí (1904-1988)

La firma del conocido pintor español Salvador Dalí es una representación grafica de originalidad y arte. Todos sus trazos juegan en el espacio del texto pero a diferencia de otras firmas grandes, expansivas y desproporcionadas en las que se encuentra un galimatías de trazos sin sentido ni arte alguno, en la firma de Dalí se ha roto la pauta. Ahora bien, dentro de la gran complicación de trazos se aprecia una armonía y un sentido a su excentricidad y su arte.

En su firma se puede observar un predominio de altura más que de anchura. Sus trazos transcurren entre la zona superior e inferior del texto.

Figura 1: Salvador Dalí

Dalí tenía la habilidad de entregarse a sus ideas fantasiosas e intuiciones. Tenía muy desarrollada la imaginación y el pensamiento mágico.

No mostraba ningún tipo de freno interno que impidiese volar su imaginación a las más altas esferas.

Lo genial de su personalidad fue el tener la gran habilidad de combinar esa mente original y creativa con su arte plástico, el saber traspasar ese mundo de ideas y fantasías a una dimensión palpable y visual a nuestros ojos. Utilizó para ello, de la mejor forma, su técnica en el arte pictórico.

Su firma elevada y con movimientos que van de la zona superior a la inferior, cuyas terminaciones forman pequeños bucles, hablan claramente de todos estos hechos. Los pequeños bucles de la parte baja reflejan el llevar a la práctica sus sueños e ideas.

Cristóbal Colón (1451-1506)

La firma de Cristóbal Colón refleja ocultación, misterio, sentido lógico y matemático.

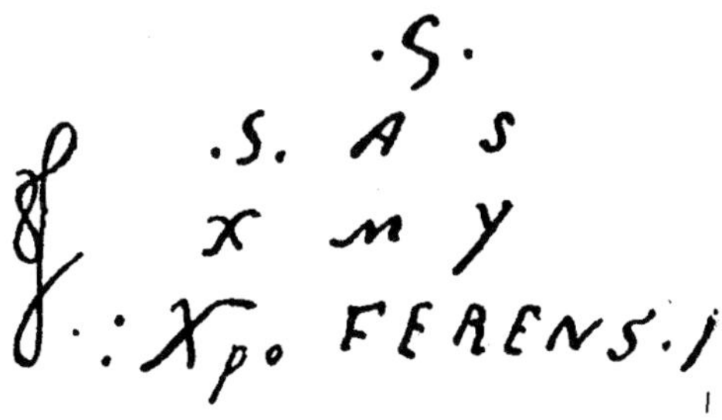

Figura 2: Cristóbal Colón

Toda su firma refleja una premeditación y lógica sólo conocida por él. No hay ningún trazo ni punto que no sea premeditado. En toda la firma no existe la más mínima improvisación. Es como ver un acertijo o una firma en clave.

La firma tiene forma piramidal. Las letras están colocadas dando la impresión más de números que de letras.

Todas sus letras y signos son sencillos y claros, en una mezcla de letras tipográficas y caligráficas.

Por el trazo en forma de lazo de la izquierda de la firma, si se sigue su desarrollo, se puede forjar una idea de la mente tan hábil y complicada de este personaje. Hay que observar al seguir el bucle que dentro de todos los movimientos del trazado «también tiene su lógica y sentido» (para el autor). El trazo está formado por dos partes, obsérvese la formación de un lazo pequeño vertical al lado de otro mayor con forma similar a una letra *f*.

Fulcanelli

Figura 3: Fulcanelli

Éste fue un misterioso personaje del que se desconoce con seguridad su nacionalidad y su fecha de nacimiento. En cuanto a su fecha de fallecimiento, dentro del mundo de la alquimia se dice que no ha fallecido, por haber conseguido el elixir de la larga vida. Es conocido por ser autor de dos libros sobre alquimia en el año 1926: *El misterio de las catedrales* y *Las moradas filosofales.*

En la firma de Fulcanelli se aprecia, al igual que en la firma de Cristóbal Colón, una premeditación en todos sus movimientos, no existe ninguna improvisación en sus rasgos, ello refleja un funcionamiento interno del personaje, meticuloso y analítico.

Existe un contrasentido en su firma. Al observarla se apreciará una escritura de desarrollo lento y pausado, no se aprecia en absoluto prisa ni precipitación, todo ello da la impresión de una persona un tanto apática y calmada. Pero, por el contrario, obsérvese la energía, viveza y rapidez del trazo más largo de la letra *a* mayúscula y el final del trazo de la letra *i*. Ambos trazos son realizados con ímpetu, fuerza y vigor. Descubrimos así que Fulcanelli sabía controlar muy bien ese gran ímpetu y energía interior que poseía, canalizándolo mental e intelectualmente y que sabía llevar a la práctica con energía y fuerza todo su pensamiento.

En los trazos de su escritura predomina la línea curva, sin ángulos ni ganchos, ni signo de bloqueo. Era, por tanto, una persona que fluía plenamente sin ninguna clase de freno interno.

Obsérvese la gran similitud que existe entre la firma de Cristóbal Colon y la firma de Fulcanelli en su primera parte. Ambas muestran un tipo de letra tipográfica de letras sueltas, puntos y colocadas de forma que recuerda más el desarrollo de una fórmula o números que no una escritura.

Si se piensa, ambos personajes eran dados a un pensamiento oculto y misterioso en el cual entraban cálculos y cábalas. Ambos eran amantes del pensamiento deductivo y analítico.

Teresa de Ávila (Santa Teresa de Jesús) (1515-1582)

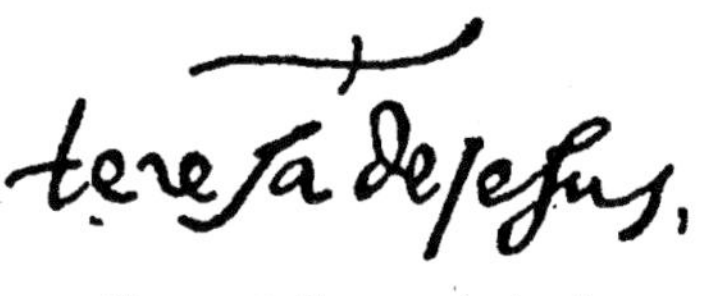

Figura 4: Teresa de Jesús

En la firma de Teresa de Jesús se puede apreciar a primera vista su rúbrica colocada en la zona superior de la escritura. Dentro del simbolismo del espacio en esta zona se encuentra el pensamiento, la espiritualidad, el misticismo, etc. Al colocar su rúbrica en esta zona nos refleja que en su vida este aspecto representaba su punto más trabajado y volcaba todo su interés en este aspecto.

Si se observa detenidamente, se aprecia que el trazo más largo es un trazo suave y curvilíneo, lo cual indica una vivencia espiritual agradable y enteramente integrada.

La onda que forma la rúbrica se encuentra cruzada por un pequeño trazo vertical, formando una cruz. Simbólicamente para esta mujer la cruz tiene el simbolismo de Jesús en la cruz.

Su escritura es redondeada, signo claro de buen carácter, sabía escuchar, tenía facilidad para adaptarse.

Las letras se encuentran enlazadas por grupos dentro de la propia palabra. Este signo refleja inteligencia y agilidad para combinar ideas y conceptos. Existen dentro de una misma palabra espacios. Esta característica, en este caso, denota intuición y, combinada con la escritura reagrupada, muestra que Santa Teresa de Jesús era una mujer muy abierta al pensamiento analítico y a la intuición; la combinación de estos dos aspectos fue la causa de poder llegar a estados muy profundos de pensamiento.

La letra *t* de Teresa se inicia también por la zona superior, lo que confirma sus otros rasgos de mujer muy espiritual.

La *t* por ser mayúscula muestra un tamaño muy correcto y su forma es sencilla y clara, poniendo de manifiesto su sencillez y naturalidad.

Las dos letras *s* de su firma tienen un tamaño desfasado al resto de la escritura, la letra *s* es la letra que refleja el escrúpulo moral. Por su tamaño y desproporción se puede interpretar como un sentido de la moralidad muy desarrollado.

La *j* de Jesús, aun siendo mayúscula es, al igual que la letra *t*, de tamaño pequeño y su forma es simplificada al máximo, rasgo que nos reafirma su gran sencillez y naturalidad.

Finaliza su firma con un punto, signo éste de reafirmación y seguridad en sus ideas y afirmaciones.

Wagner (1813-1883)

Figura 5: Wagner

Beethoven (1770-1827)

Figura 6: Beethoven

Mozart (1719-1787)

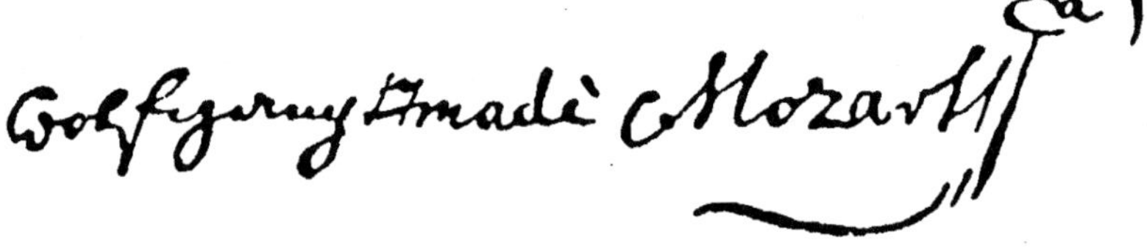

Figura 7: Mozart

Las tres firmas corresponden a celebridades del arte musical, grandes creadores, cada uno con sus características pero los tres han sobresalido por su gran maestría en este arte.

Obsérvese cómo las tres firmas, aun cuando pertenecen a tres personas diferentes y, por lo tanto, tres tipos de características y tres formas de funcionamiento interior, coinciden y tienen muchos puntos en común en lo referente al desarrollo de sus grafismos.

El desarrollo de las tres firmas es suave y fluido, predomina claramente la línea curva, todos sus movimientos son amplios y redondeados.

Las tres firmas reflejan tres personalidades con un gran sentido de fluidez. El sonido y la vibración lo captaban ampliamente, sabían vibrar con la música. Eran personas agraciadas con un don que les permitía vibrar y sentir la música de una forma superior.

Sus grafismos se mueven por todo el espacio del texto con arte, suavidad e ingenio. Los enlaces son habilidosos y originales, mostrando así su gran inteligencia, habilidad y originalidad cuando se trata de combinar los diferentes sonidos.

Obsérvese lo chocante de la coincidencia de estas tres firmas de músicos al realizar la rúbrica en la parte inferior derecha de su firma. Las tres están formadas por trazos curvilíneos.

Beethoven, si recordamos que perdió el sentido del oído, suplió la utilización de este sentido, pues él no oía la música sino que la sentía, sentía la vibración de las diferentes notas musicales. Su rúbrica es una representación gráfica de esta vibración que él sabía captar.

Jiddu Krishnamurti (1895-1986)

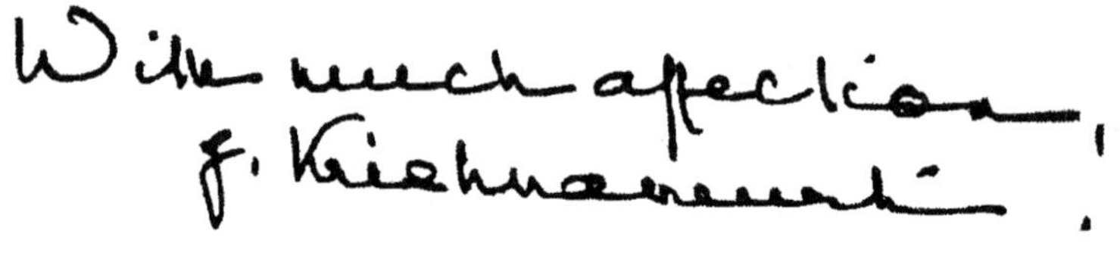

Figura 8: Jiddu Krishanamurti

La escritura y firma de Krishnamurti revisten un interés especial por considerarse un hombre de los denominados superiores. Fue un filósofo y pensador que dedicó toda su vida al estudio interior del ser humano, así como al sentido profundo la vida.

Su firma es de una gran sencillez, recordando las firmas de otros hombres que han alcanzado tal sabiduría y conocimiento. Su escritura para el profano puede defraudar por su sencillez.

La firma de Krishnamurti muestra agilidad y rapidez, pero no precipitación. Es simplificada y como nota chocante se debe resaltar la gran fuerza que reflejan sus trazos. Obsérvese el final de la letra *i*, largo e intenso y, por otra parte su rúbrica en la parte inferior terminada en gancho y el punto elevado de la letra *i*.

Sus óvalos cerrados reflejan que era un hombre introvertido, centrado en su vida interior, lo que no quita que fuese un hombre también comunicador, véanse sus finales largos, era pues un hombre dado a la comunicación con los demás.

La rectitud de la palabra «Krishnamurti», refleja una personalidad decidida, con una dirección constante, así como con una voluntad firme y de hierro.

Su escritura vertical confirma ese control y equilibrio interior que también reflejaba su imagen personal.

Por otro lado, aunque parezca un contrasentido, se da en su misma persona suavidad, comprensión y buen trato. Obsérvese la armonía de la forma de sus letras.

Firmas de la Masonería

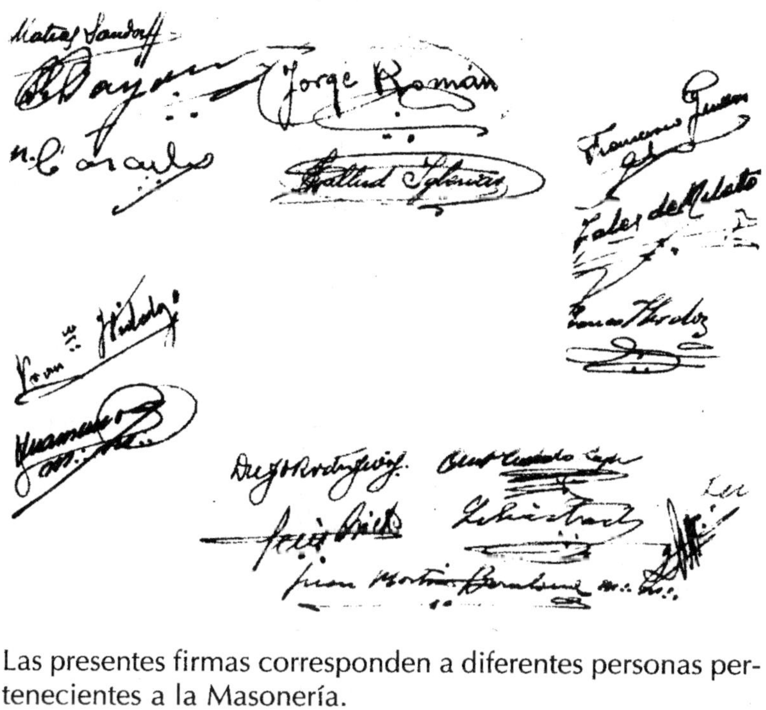

Las presentes firmas corresponden a diferentes personas pertenecientes a la Masonería.

Todas ellas son firmas con unas características normales. Todas tienen en común, de forma curiosa, tres puntos trazados premeditadamente. Estos tres puntos se denominan las tres grandes luces de la Masonería: sabiduría, fuerza y belleza. También representan los tres grados de la Masonería.

Las firmas de los reyes y las reinas

No deja de ser interesante observar una pequeña muestra de firmas de Reyes y Reinas. Personas que, a pesar de ser como el resto de los mortales, poseen un rango de nacimiento que les da una vida muy peculiar y diferente que al resto de las personas.

Las siguientes firmas son una pequeña muestra de los Reyes y Reinas que han reinado en España a lo largo de la historia en diferentes épocas.

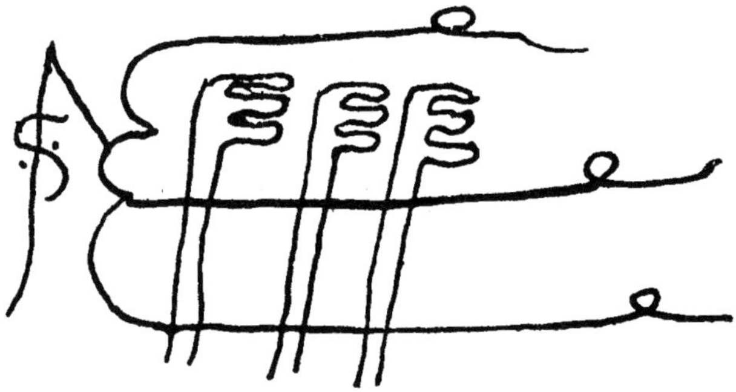

Figura 10: García I.

Figura 11: Sancho I.

Figura 12: Doña Sancha.

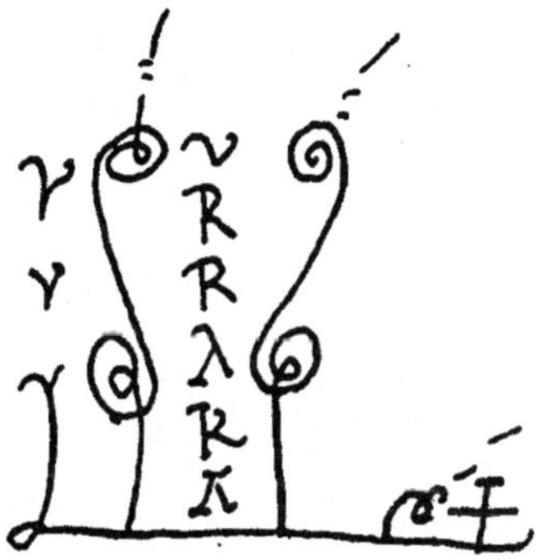

Figura 13: Doña Urraca.

Figura 14: Alfonso IX de León.

Figura 15: Isabel I, la Católica.

Figura 16: Ramiro I.

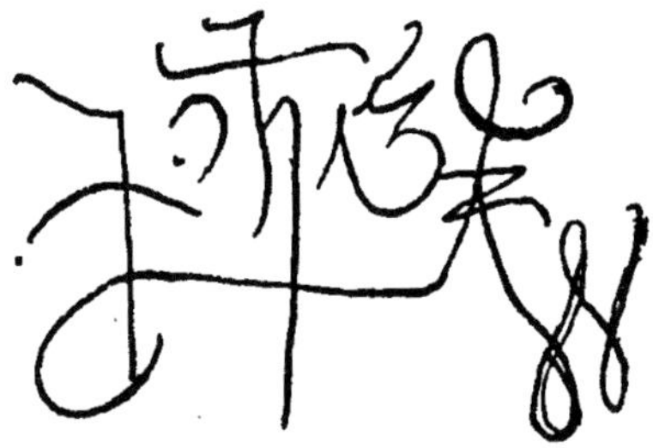

Figura 17: Felipe I, el Hermoso.

Figura 18: Felipe II.

Figura 19: Carlos III.

Figura 20: Alfonso XII.

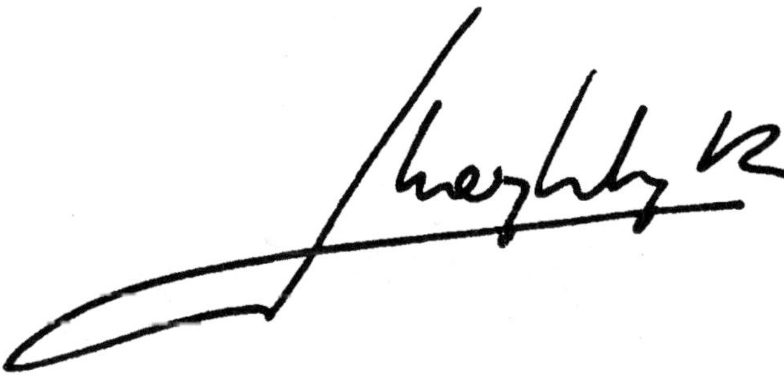

Figura 21: Juan Carlos I.

Es interesante observar la evolución de las firmas, partiendo de las más antiguas hasta llegar a las más actuales. Se aprecia claramente una tendencia, con el transcurrir de los tiempos, a la simplificación.

Todas las firmas además de ser un reflejo de la personalidad del firmante, son una imagen representativa de aquellos tiempos y las modas que predominaban en la época.

Las firmas más recientes, tienden a simplificarse; reflejan la mayor naturalidad que actualmente muestran los reyes, mostrando cercanía con el pueblo exagerado de sus grafismos.

Federico García Lorca (1898-1936)

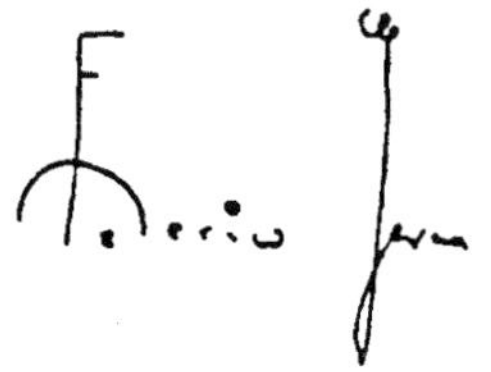

Figura 22: Federico García Lorca.

La firma de García Lorca es de una gran desproporción. Las hampas o parte superior de las letras se elevan desmesuradamente. Este personaje es sin duda un hombre idealista, intuitivo así como un gran amante de la especulación filosófica, este último rasgo se aprecia en el bucleado superior de la letra *G*.

El punto de la letra *i* grueso, así como su jamba de gran tamaño nos refleja su gran pasión, era un hombre de gran sensibilidad y sensualidad.

Toda su firma en conjunto es un reflejo de su gran sentido artístico y creativo.

Albert Einstein (1879-1955)

Figura 23: Albert Einstein.

La firma de Einstein es un reflejo claro de la gran sencillez que otorga la sabiduría. Su firma sin rúbrica es una muestra de la persona que ha alcanzado tal nivel interior que no le es necesario demostrar ni demostrarse nada. Su actitud delante de los demás es clara y sencilla. No adopta ningún papel, no intenta aparentar más de lo que él se pueda sentir.

Su firma es ágil y rápida, con predominio de la letra curva. Realiza un triángulo en la letra *a* mayúscula y la letra *t*. En este caso los triángulos indican una conceptuación decidida y segura.

La tilde de la letra *t* larga denota el ímpetu y la ilusión de llevar adelante sus ideas.

Friedrich Wilhem Nietzsche (1844-1900)

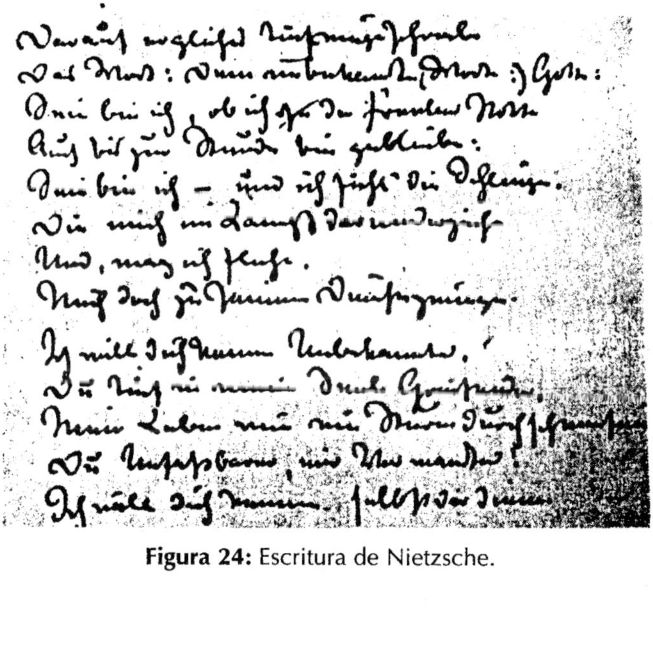

Figura 24: Escritura de Nietzsche.

Si se observa detenidamente la escritura de Nietzsche, se puede apreciar en la parte central o cauce un tamaño pequeño, así como unos trazos simplificados. Sin embargo, su parte superior o hampa es de un tamaño superior en muchos casos. Todo ello nos lleva a pensar que Nietzsche mantenía sus emociones y sentimientos bajo una represión y control de sus ideas. Racionalizaba las emociones y los sentimientos, enmarcándolos en su gran mente analítica.

Su letra muestra unos enlaces variados y originales, reflejo de una buena capacidad de organizar y dirigir sus pensamientos. Muestra habilidad, así como originalidad en sus conceptuaciones.

Los puntos de la letra *i* son elevados, lo que refuerza que tenía un pensamiento superior idealista.

En su escritura se aprecia rapidez, agilidad y verticalidad de la letra. Todo ello es reflejo de rapidez mental y agilidad en sus ideas y conceptos, manteniendo cierto orden y control en su producción de ideas.

Figura 25: Firma de Friedrich Nietzsche, 1864.

En la firma de Nietzsche correspondiente a 1864, se puede apreciar en su letra *G* mayúscula y su *N*, fuerza, energía y seguridad en sí mismo, se encontraba en un buen momento. En el último trazo se aprecia el deterioro físico y mental que más adelante se acrecentaría.

Obsérvese la tilde de la letra *t* elevada, signo de sus pensamientos idealistas, lo que le caracterizó siempre por encima de toda lógica.

En la siguiente firma se aprecia ya un claro deterioro tanto físico como mental.

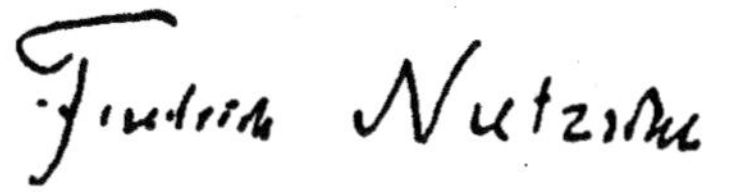

Figura 26: Firma de Friedrich Nietzsche.

Las firmas de la Inquisición

Éstas son escrituras y firmas obtenidas en la sección «Inquisición» del Archivo Histórico Nacional.

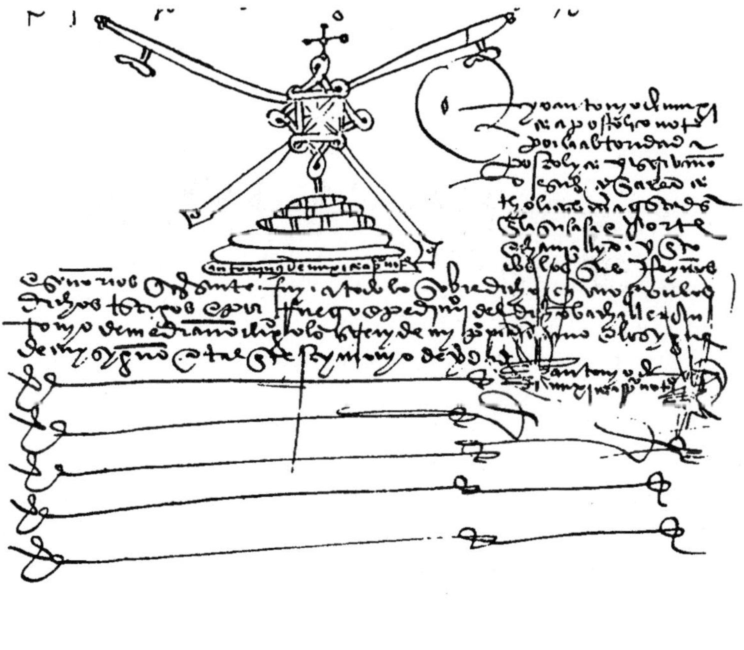

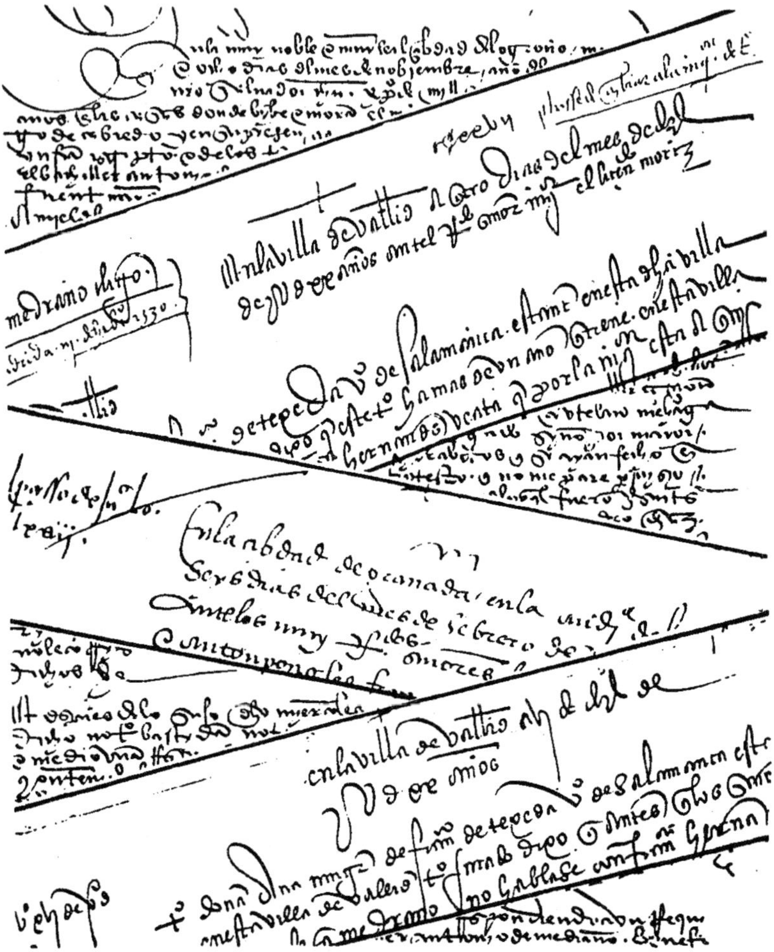

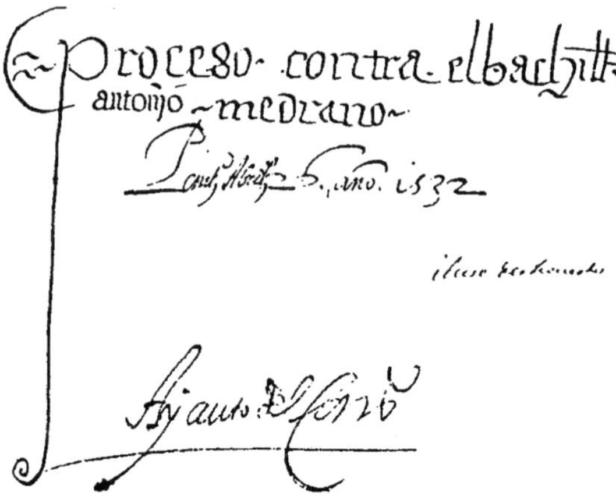

Figura 27: Escritura y firmas de la Inquisición.

Teniendo en cuenta que se trata de la escritura y la firma de personajes que aplicaban su ley auspiciados por la Iglesia y que han hecho historia por su brutalidad y crueldad, es interesante observar sus escrituras y firmas. No olvidemos nunca que éstas reflejan la personalidad de quien las realiza. «Una imagen vale más que mil palabras».

Estas escrituras pertenecen a una época en la que imperaba una caligrafía mucho más afectada y trabajada, en la que predominaba el uso de adornos y desproporciones, sobre todo en las mayúsculas, que eran un signo claro de la categoría y rango social de la persona que la realizaba.

Se pueden encontrar aquí claros ejemplos de desproporciones, lo que es signo del desfase existente en la persona que realizaba el escrito con estas características. Desproporción en pensamientos y en hechos. Se pueden encontrar también ejemplos de rasgos que reflejan agresividad, brutalidad, rencor, etc. En las pocas ocasiones en que se encuentra un trazo curvo es para terminar en un gancho o bien en una uña de gato. Existen macerados, arpones, etc. Las firmas son complicadas, enmarañadas o mesiánicas.

capítulo 22

los temperamentos

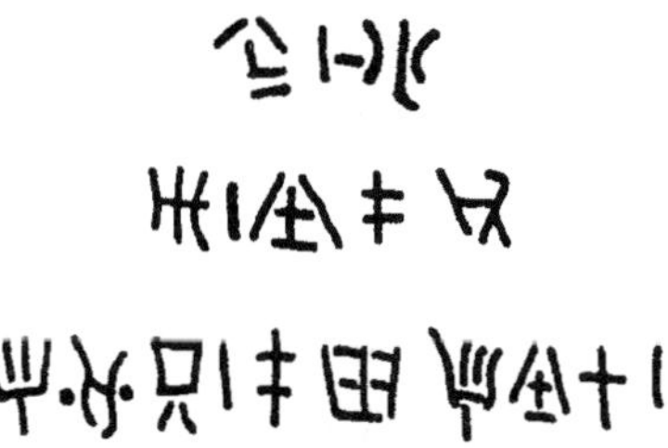

Textos chipro-mionicos procedentes
de Eukomi (Chipre)

El temperamento es lo heredado permanente e inmutable y está muy ligado a características somáticas e intelectuales. Carácter y temperamento forman la personalidad.

Reviste gran interés saber reconocer dentro de lo posible el predominio de un temperamento en el sujeto que esté bajo estudio. Permite dilucidar si los rasgos del carácter correspondiente a este temperamento se encuentran en la escritura, de forma que el retrato y la síntesis grafológica puedan estar mejor estructurados.

Se distinguirán los siguientes temperamentos:

- Sanguíneo / Linfático.
- Bilioso / Nervioso.
- Extravertido / Introvertido

Sanguíneo

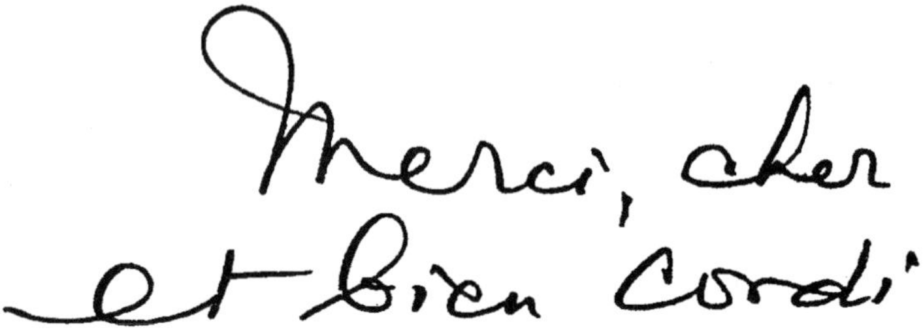

Figura 1: Ejemplo de escritura correspondiente a un temperamento sanguíneo.

El temperamento sanguíneo es activo, suele estar lleno de energía y ansias de vivir, de gozar de la vida, resiste a la fatiga, tiene iniciativa; es emprendedor, dinámico, se apasiona en el trabajo, luchador nato, su forma de trabajar es inconstante e inestable. Es incapaz de estar delante de una máquina todo el día.

Muy emotivo, de muchos y grandes sentimientos, comparte todo lo que siente con emoción. Le encanta la vida social. Es un líder, sabe motivar al grupo, teme la soledad, le gusta la sociabilidad hasta el punto de destacar lo máximo posible. Es agradable, simpático, ocurrente y, sobre todo, buen colaborador.

Por su vitalidad busca lo útil, lo práctico. Impetuoso y violento, de reacciones bruscas y apasionadas, muestra poco autocontrol, es poco racional. Su actividad mental queda ofuscada por el predominio de los sentimientos. Su inteligencia es concreta con lo tangible, material y real. Sexual.

Las características de sus rasgos de escritura suelen ser: escritura rápida, hinchada en ocasiones, exageraciones en altura y longitud de las letras, tiende a sobrepasar los límites de la puesta en página.

Linfático

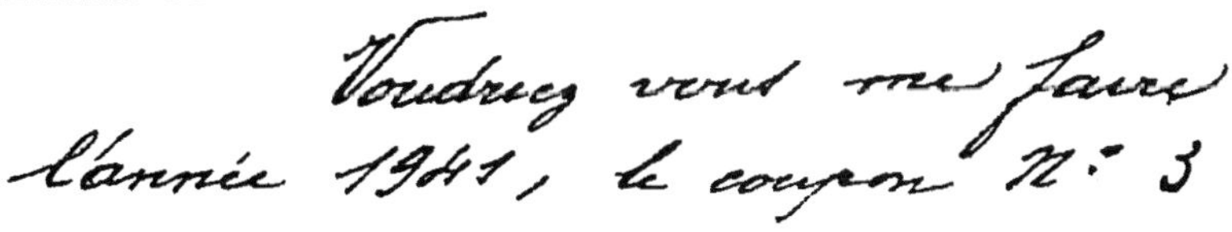

Figura 2: Ejemplo de escritura correspondiente a un temperamento linfático.

Su carácter es pasivo, tranquilo, perezoso y lento. Suele ser sosegado y estable; por lo general no se agita fácilmente. No es muy emotivo. Su talante es de concordia y no le gusta las exaltaciones.

Su vida y su trabajo son rutinarios, le gusta la previsión. De sentimientos leales, ama la tradición en sus costumbres, muestra gusto por las asociaciones. Es lento en la ejecución de sus tareas pero muy constante, preciso y puntual.

Observador, tiene buena memoria y un fuerte sentido común. Prudente, reflexivo, teme lo desconocido.

Su escritura se caracteriza por su lentitud, flojedad, predominio de la línea curva, letra baja, convencional, trazo grueso y pastoso.

Bilioso

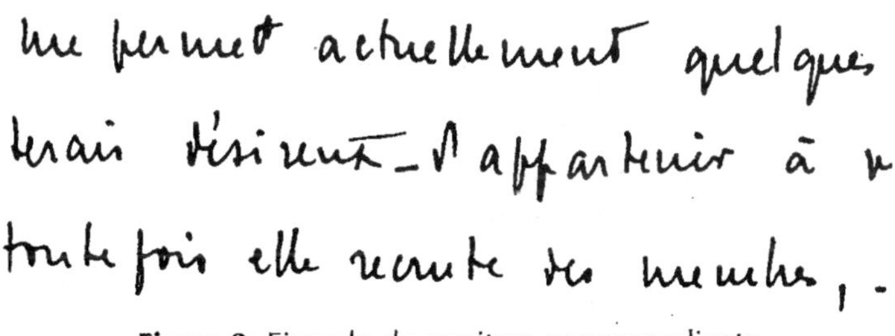

Figura 3: Ejemplo de escritura correspondiente a un temperamento bilioso.

Es el lado opuesto al sanguíneo, el bilioso es racional, controla sus emociones. Gran pensador y analítico, reflexiona, todo lo piensa, analiza todos sus actos, los sopesa y programa su conducta. Relega a un segundo término los sentimientos.

Aun teniendo imaginación, siempre la somete a la disciplina de la razón, no tiene intuición, es incrédulo y desconfiado ante todo en general. Claramente deductivo, le gusta el rigor y el método en el trabajo.

Autocontrol, disciplina; suelen reprimir impulsos, instintos y sentimientos. Huye de la inestabilidad, cuando inicia algo siempre lo finaliza. Suele ser un individuo con vitalidad y energía, canaliza y administra sus energías en el trabajo, rindiendo por su concentración y regularidad. Sus iniciativas son muy pensadas, constante, orgulloso. Su forma de relacionarse es correcta y cortés.

Sus trazos de escritura reflejan una escritura apoyada, recta, angulosa, presión firme y decidida, líneas rectas, escritura ordenada y organizada al máximo.

Nervioso

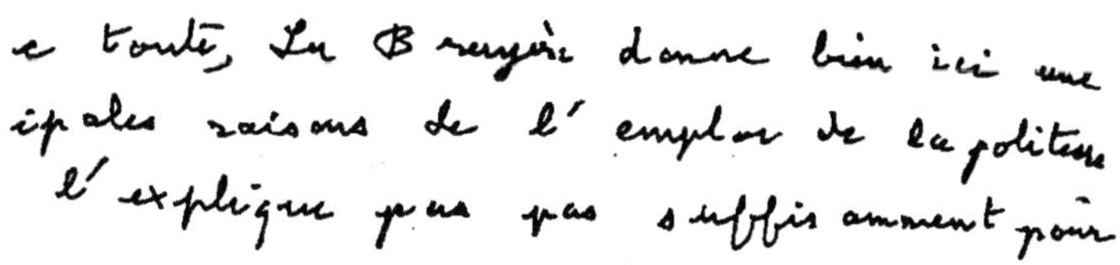

Figura 4: Ejemplo de escritura correspondiente a un temperamento nervioso.

Su gran factor determinante es una libido pobre en energías y vitalidad, tiende al pesimismo y la fatiga. Resiste mal las condiciones difíciles, se mueve mucho pero termina pocas cosas, necesita muchas horas de sueño. Es propenso a las tensiones, su debilidad fomenta la emotividad.

Sus ideas y pensamientos son inestables. Es muy impresionable. Le cuesta decidirse y conectar. Es un individuo de vida interior, rica y variada. Suelen ser personas débiles físicamente y muy sensibles.

Se dejan seducir fácilmente, sienten atractivo por variar. Sociabilidad. Intuyen con facilidad, son poco reflexivos y muestran una gran habilidad para improvisar. Revelan una gran necesidad de estimulantes intelectuales.

Su escritura es viva, rápida, desigual, inestable, fina y en algunas ocasiones acerada.

Toda persona con relación al mundo que le rodea puede adoptar dos tipos de actitud. Una actitud extravertida en la cual se vierte hacia fuera, vive en contacto y sintonía con las personas que le rodean; y una actitud introvertida, caracterizada por una vivencia desde dentro, donde la persona vive volcada en su interior.

Extravertido

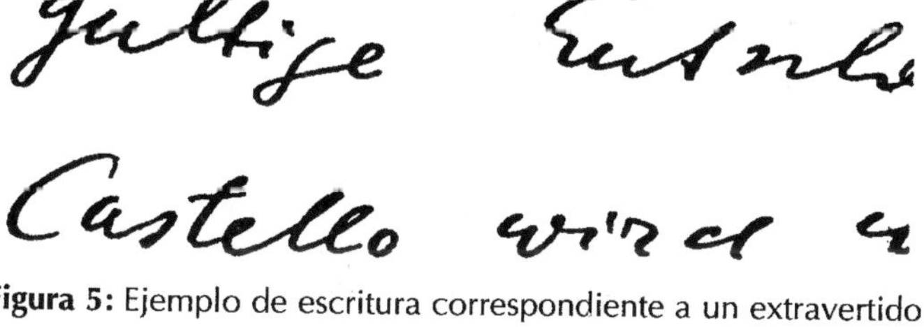

Figura 5: Ejemplo de escritura correspondiente a un extravertido.

A la persona extravertida el exterior le motiva, la soledad le angustia, busca multiplicar sus experiencias y vivencias, el sentir cosas nuevas. No existe una persona extravertida en todo, siempre hay unas partes más cerradas, la motivación es vital para ella.

Los extravertidos son personas que siguen la moda, están al corriente de las tendencias, tienen una gran capacidad de adaptación al mundo. Quieren realidades objetivas. Afectivamente necesitan compartir sus sentimientos, y en el aspecto instintivo precisan los hechos palpables. Trabajan con elementos tangibles huyendo de las cosas abstractas.

Su percepción es extensiva y se interesan por varias cosas a la vez. Muestran una buena adaptación al exterior y, por el contrario, una conflictiva adaptación consigo mismos.

Los signos que hablan de extraversión son: la curva, los inflados, el bucle, la guirnalda, la presión firme, los finales largos, zonas dilatadas, letras espaciadas y extensas, letra grande, inclinada, abierta, progresiva, puntos y barras de las *t* hacia arriba o hacia la derecha.

Introvertido

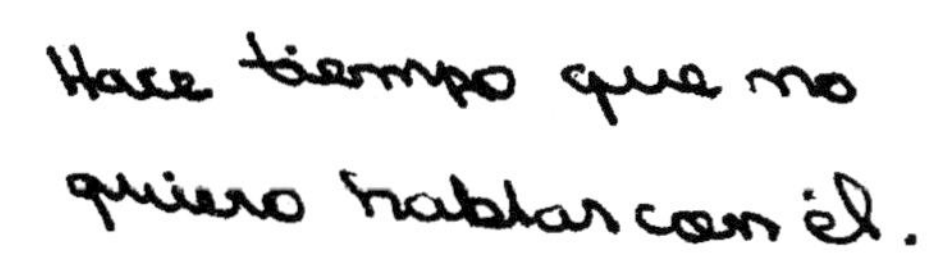

Figura 6: Ejemplo de escritura correspondiente a introvertido.

La persona introvertida muestra claramente un movimiento de repliegue sobre sí mismo, con una clara intención inconsciente de defender la propia integridad, la seguridad. Los motivos o motivaciones de su conducta son guiados por su interior.

El introvertido se caracteriza por identificarse consigo mismo, tiene miedo a las personas y a les cosas porque cree que tendrá conflictos. Reviven las experiencias pasadas. Su inteligencia es abstracta. La adaptación a un medio nuevo les es difícil.

Son signos de introversión: las espirales, los arcos, los ángulos, los triángulos, las letras pequeñas, apretadas, invertidas, las escrituras desligadas, todos los signos regresivos, la letra vertical, la letra angulosa, así como los puntos y las barras de la letra *t* baja y hacia la izquierda, los óvalos completamente cerrados y los triángulos. Normalmente se aprecia en estas escrituras, irregularidades de tamaño, inclinación, etc.

Las personas junto a la posible actitud de extraversión e introversión, utilizan cuatro funciones que le sirven de orientación en la vida: la sensación, el pensamiento, el sentimiento y la intuición. Toda persona posee las cuatro funciones, pero con grados de evolución diferentes. Normalmente se tiene más desarrollada una de las cuatro, las otras tres funciones son complementarias.

El pensar

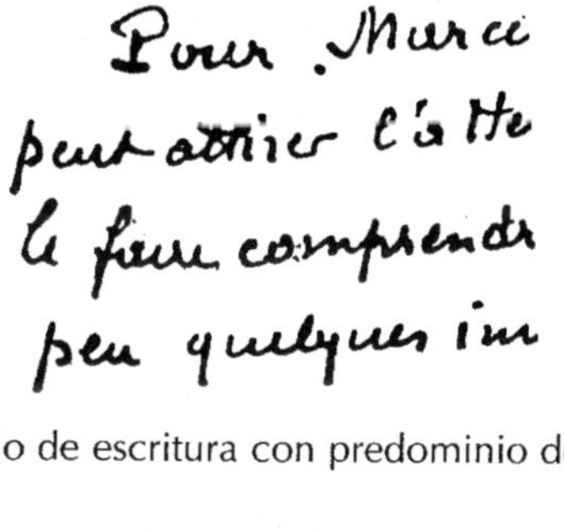

Figura 7: Ejemplo de escritura con predominio del pensamiento.

Ayuda al individuo a valorar cada cosa o hecho. Con el pensamiento valoramos lo variable y lo constante, creamos y damos orden y forma a nuestras percepciones y vivencias.

Los signos gráficos que muestran esta función son: todos los signos de introversión, escritura pequeña, sobria, simplificada, combinada, clara, contenida, ligera.

El sentir

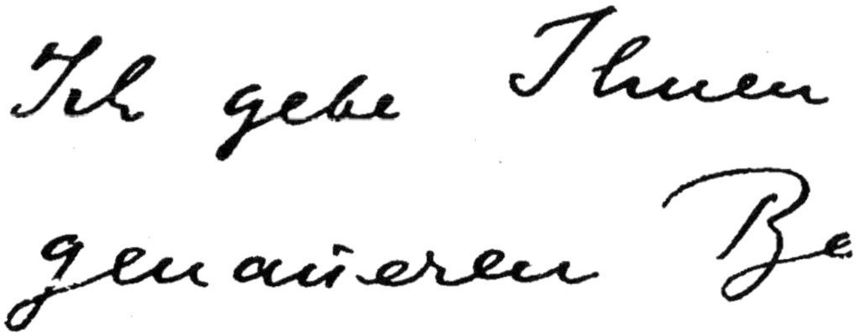

Figura 8: Ejemplo de escritura con predominio del sentir.

El sentir nos transmite el valor que la situación, persona o cosa tiene para nosotros. Establece la relación entre el sujeto y el objeto, admitiendo o rechazando. Expresa lo que las cosas significan para nuestra forma de sentir.

Los grafismos que denotan el sentir producen una escritura extensa, inclinada, grande, redondeada, con guirnaldas y normalmente progresiva.

El percibir

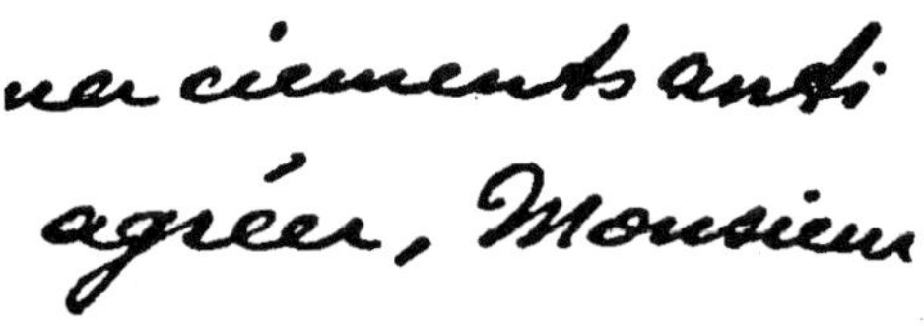

Figura 9: Ejemplo de escritura con predominio de percibir.

Nos hace conocer los hechos y las cosas tal como son. Al percibir observamos la realidad tal como se presenta a los sentidos.

En la escritura se aprecian los siguientes signos: escritura grande o mediana, en caso de persona extravertida y letra pequeña, si es introvertida, uniforme, empastada, de poca inclinación, ligada, predominio de la zona inferior.

El intuir

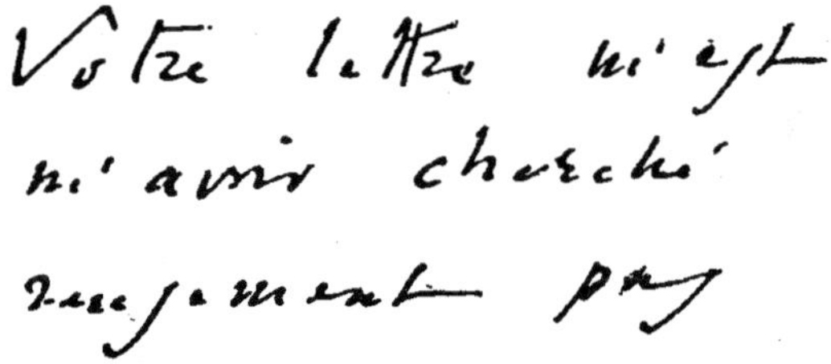

Figura 10: Ejemplo de escritura con predominio de intuición.

Es un conocimiento instantáneo sin razonamiento de las situaciones, personas y acontecimientos. Capta el sentido profundo de las cosas. Se sabe, prescindiendo de la realidad, qué se tiene ante los ojos.

Los signos gráficos que marcan el intuir son: escritura rápida, desligada, inestable, variable, proyecciones, escritura combinada, simplificada, hampas originales, poca presión.

bibliografía

Crépieux-Jamin, J., *ABC de la grafología,* Ediciones Ariel, Barcelona, 1957.

Echevarría, María Elena, *Grafología infantil,* Editorial EDAF, Madrid, 1992.

Gelb, Ignace, *Historia de la escritura,* Alianza Editorial, Madrid, 1976.

Goleman, Daniel, *Inteligencia emocional,* Editorial Kairós, Barcelona, 1996.

Hertz, Herbert, *La grafología,* Oikos Tau Ediciones, Barcelona, 1972.

Honroth – Zarza, *Sí y no en la grafología clásica,* Ediciones Troquel, Buenos Aires, 1961.

Hughes, Albert, *Manual de grafología,* EDAF Ediciones, Madrid, 1970.

Jung, Carl, *El hombre y sus símbolos,* Luis de Caralt Editor, Barcelona, 1976.

Muñoz Espinalt, C., *Guía práctica de la grafología y grafoligía de la firma,* Editorial De Vicchi, Barcelona, 1975.

Ras, Matilde, *Grafologia. Las grandes revelaciones de la escritura,* Editorial Labor, Barcelona, 1933.

Teillard, Ania, *El alma y la escritura,* Editorial Paraninfo, Madrid, 1974.

Torrents Botey, R., *Grafología,* Editorial Alas, Barcelona, 1987.

Simón, José Javier, *El gran libro de la grafología,* Ediciones Martínez Roca, Barcelona, 1992.

Vels, Augusto, *La selección de personal y el problema humano en las empresas,* Editorial Herder, Barcelona, 1982.

Vels, Augusto, *Escritura y personalidad,* Editorial Herder, Barcelona, 1982.

Vels, Augusto, *Diccionario de grafología,* Editorial Herder, Barcelona, 1983.

Xandró, Mauricio, *Grafología Elemental,* Editorial Herder, Barcelona, 1994.

índice

Introducción 7

Capítulo 1
Historia y futuro de la grafología 9

Capítulo 2
Descubrirse a sí mismo y a los demás a través de la grafología 13

Capítulo 3
Aprender las diferentes zonas y elementos gráficos de la escritura 15
- Las zonas y los elementos gráficos........ 17
- El gesto tipo. 19
- La curva. 20
- La recta. 22
- Los parámetros que definen la escritura. 25

Capítulo 4
El simbolismo del espacio y su aplicación grafológica 29

Capítulo 5
El orden en la escritura 33
- Distribución clara 34
- Distribución confusa 34
- Escritura ilegible 35
- Escritura proporcionada 36
- Escritura desproporcionada 37
- La disposición de los márgenes........ 37
- La puntuación. 44

Capítulo 6
La dimensión en la escritura 49
- Escritura grande 50

Escritura pequeña ... 51
Escritura alta ... 52
Escritura amplia o extensa ... 53
Escritura apretada ... 53
Escritura sobrealzada ... 54
Escritura gladiolada ... 54

Capítulo 7
La presión en la escritura ... 57
Escritura de trazo ligero o fino ... 58
Escritura de trazo grueso ... 59
Escritura de trazo nutrido ... 59
Escritura de trazo neto ... 59
Escritura magra ... 60
Escritura de trazo pastoso ... 60
Escritura de trazo en relieve ... 61
Escritura de trazo tembloroso ... 61
Escritura de trazo flojo ... 62
Escritura brisada ... 62
Escritura de trazo espasmódico ... 63
Escritura de trazo masivo ... 63

Capítulo 8
La forma de la escritura ... 65
El coligamiento ... 71

Capítulo 9
La cohesión de la escritura ... 75
Escritura ligada. ... 75
Escritura desligada ... 76
Escritura agrupada ... 76
Escritura con lapsos de cohesión ... 77
Escritura combinada ... 77
Escritura fragmentada ... 78
Escritura desigual ... 78

Capítulo 10
La velocidad en la escritura ... 81

Capítulo 11
La dirección de las líneas 85
Escritura de líneas horizontales 85
Escritura de líneas ascendentes 86
Escritura de líneas descendentes 86
Escritura de líneas ondulantes 87
Escritura de líneas cóncavas 87
Escritura de líneas convexas 87

Capítulo 12
La inclinación de la escritura 89
Escritura inclinada 90
Escritura invertida 90
Escritura vertical 90
Escritura de inclinación desigual 91

Capítulo 13
Los trazos iniciales y finales 93
El trazo inicial 94
El trazo final 98

Capítulo 14
El óvalo: sus diferentes formas y la abreacción 103
Las diferentes formas de óvalos 103
Estudio de la abreacción 106

Capítulo 15
Las letras reflejas 109

Capítulo 16
La firma 129
Significado de la firma en relación con el texto 132
Ubicación de la firma en relación con el texto 141
Diferentes tipos de firmas y rúbricas 144

Capítulo 17
La práctica del análisis grafológico 153
1. Visión de conjunto 156

2. Estudio y valoración del escrito bajo los diferentes aspectos y subaspectos gráficos...... 158
3. Estudio y valoración de los trazos iniciales y finales, gesto tipo y letras reflejas...... 158
4. Interpretación...... 159
5. Síntesis...... 159

Capítulo 18
Compatibilidad de caracteres 163
Carácter justo, digno, incorruptible...... 165
Carácter melancólico, sombrío, propenso al mal humor, apático, irascible 166
Carácter objetivo, reflexivo, realista...... 167
Carácter serio, reservado y taciturno...... 167
Carácter imperioso, enérgico, dominante, orgulloso, intransigente, activo 168

Capítulo 19
Listado de facultades y sus correspondientes manifestaciones grafológicas...... 171

Capítulo 20
La sexualidad en la escritura...... 177
Anima y *animus*...... 177
La letra *g* o letra refleja de la sexualidad...... 181
Diferentes tipos de óvalos y su simbología 184
Regularidad e irregularidad en los óvalos 188
La jamba: pautas generales 189
Tamaños de la jamba...... 190

Capítulo 21
Cuando la escritura nos revela genialidad 199
Salvador Dalí (1904-1988)...... 200
Cristóbal Colón (1451-1506)...... 202
Fulcanelli 203
Teresa de Ávila (Santa Teresa de Jesús) (1515-1582)...... 204
Wagner (1813-1883)...... 206

Beethoven (1770-1827) 206
Mozart (1719-1787) 206
Krishnamurti 208
Firmas de la Masonería 209
Las firmas de los reyes y las reinas 210
Federico García Lorca (1898-1936) 214
Albert Einstein (1879-1955) 214
Friederich Wilhem Nietzsche (1844-1900) 215
Las firmas de la Inquisición 217

Capítulo 22
Los temperamentos 221
Sanguíneo 222
Linfático 223
Bilioso 223
Nervioso 224
Extravertido 225
Introvertido 226
El pensar 227
El sentir 228
El percibir 228
El intuir 229

Bibliografía 231

Los Chakras

Helen Moore

Despierta tu interior y aprovecha al máximo tu sistema energético.
Los Chakras son siete centros energéticos situados en el cuerpo humano. Su conocimiento nos llega a través de la cultura tibetana forjada a través de la experiencia personal de los maestros de Shidda Yoga.

La energía del cosmos atraviesa nuestro cuerpo trabajando en esa red de centros energéticos sutiles. Los chakras captan esa energía del ser humano y la hacen circular hacia el macrocosmos. Los chakras nos conectan con nuestro mundo espiritual y de su equilibrio depende en buena medida nuestra salud. De nuestra capacidad para leer las señales de estos centros de energía y rectificar o corregir su trayectoria dependerá que podamos evitar determinados trastornos.

Este libro es la guía imprescindible para conocer la esencia de los chakras y su localización, lo que sin duda será de enorme utilidad para conocer algo más de la complejidad del cuerpo humano.

- El cuerpo etérico como canalizador de la energía.
- Los nadis o canales de energía.
- Los flujos energéticos en el cuerpo humano.
- La influencia de los chakras en nuestro estado físico.
- Cómo abrir y activar los chakras.
- Las posturas esenciales de cada chakra.